HOUGHTON MIFFLIN HARCOURT

ESTÁNDARES COMUNES

Libro de lecturas para escribir
Grado 4

Printed in the U.S.A.

ISBN 978-0-544-23110-8

1 2 3 4 5 6 7 8 9 10   0877   22 21 20 19 18 17 16 15 14 13

4500432990   A B C D E F G

Houghton
Mifflin
Harcourt

¡Hazte un detective de la lectura!

¡Bienvenido a tu *Libro de lecturas para escribir*! Con este libro, te convertirás en un **detective de la lectura**. Buscarás pistas en cuentos y en selecciones de no ficción. Las pistas te ayudarán a:

- disfrutar de los cuentos,
- comprender los textos de no ficción,
- responder preguntas y
- ¡ser un gran lector!

Un detective de la lectura puede resolver el misterio de cualquier selección de lectura. ¡Ninguna selección es demasiado difícil! Un detective de la lectura **hace preguntas**. Un detective de la lectura **lee con atención**.

Hacer preguntas y leer con atención te ayudará a **encontrar pistas**. Luego,

- te detendrás
- pensarás y
- ¡escribirás!

¡Vamos a intentarlo! Sigue la pista...

¡Inténtalo!

El recuadro contiene el comienzo de un cuento. Lee con atención. Hazte preguntas:

▷ **¿De quién trata el cuento?**

▷ **¿Dónde y cuándo transcurre el cuento?**

▷ **¿Qué sucede?**

Busca pistas para responder a las preguntas.

> Logan estaba disfrutando de su paseo en bicicleta. Sentía la calidez del sol en la cara. Le llegaba el olor de la playa cercana. Oía a su papá tararear en la bicicleta de adelante. Hasta ese momento, Logan estaba teniendo un cumpleaños maravilloso.
>
> De repente, Logan se detuvo en seco.
>
> —¡Papá! —gritó—. ¡Mira eso!

Detente Piensa Escribe

¿Dónde y cuándo transcurre el cuento? ¿Cómo lo sabes?

_____

_____

¿Leíste con atención? ¿Buscaste pistas? ¿Las pistas te ayudaron a responder a las preguntas? Si lo hicieron, ¡ya eres un **detective de la lectura**!

Contenido

característico
mencionar
provocar
seguro
talento

Niños actores

1 Un niño puede convertirse en actor desde que es un bebé. Cualquier bebé puede representar el papel de un bebé. ¡El bebé no necesita ningún **talento** para representar que duerme o llora!

¿Qué talento especial tienes tú?

_____

_____

_____

2 Un bebé no puede estar bajo los reflectores mucho tiempo. Por eso, la mayoría de los bebés en las películas o series de televisión están interpretados por gemelos o trillizos. Si a uno de los bebés le **provoca** enfado algo del escenario, ¡su mamá siempre puede sustituirlo por uno de sus hermanos!

¿Qué te provoca buen humor?

_____

_____

3 Algo **característico** de los niños actores es que tienen maestros que van con ellos al estudio de grabación. Cuando están ocupados actuando, no hay tiempo para ir a la escuela.

Menciona algo <u>característico</u> de un animal que conozcas.

_____

4 Tal vez pienses que es fantástico faltar a la escuela. Sin embargo, según dicen de forma **segura** los niños actores, no ir a la escuela no es nada divertido. No pueden hacer muchos amigos y echan de menos no poder asociarse a los clubes.

¿En qué actividad crees de forma <u>segura</u> que participarás este año?

_____

_____

5 Algunos niños actores viajan por todo el mundo para filmar películas. En las entrevistas, los actores, niños y adultos, suelen **mencionar** que esa es una de las partes favoritas de su trabajo.

¿Qué otra palabra usarías para <u>mencionar</u>?

_____

Paige comienza de nuevo

por Carol Alexander

Paige bajó del carro de su padre. El pequeño edificio de ladrillos parecía acogedor. Los campos que rodeaban la escuela estaban verdes y llenos de grama.

Paige pensó: "Se ve justamente como debería verse una escuela".

Su padre la llamó desde el carro:

—¿Quieres que entre contigo?

—No, estaré bien —respondió Paige.

En la puerta del salón de clases, Paige respiró hondo y se dijo: "Compórtate como si hubieses hecho esto otras veces".

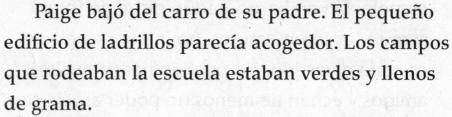

Detente Piensa Escribe

ESTRUCTURA DEL CUENTO

¿Dónde ocurre el cuento? ¿Cómo lo sabes?

_____

_____

_____

4

De las paredes colgaban grandes y coloridos dibujos. El salón era cálido y soleado. A Paige le **provocaba** buen humor.

—Entra, por favor —dijo la maestra—. Muchachos, ella es...

—¡Paige Bridges! —gritó alguien.

¡Ay! Paige hubiera querido pasar desapercibida, pero iba a resultar difícil. Se había hecho famosa en la televisión, haciendo el papel de una niña pequeña llamada Sophie. La serie se había convertido en una de las comedias más populares de la televisión.

Detente   Piensa   Escribe

VOCABULARIO

¿Por qué la vista de la clase le <u>provocaba</u> a Paige buen humor?

_____

_____

_____

Paige sintió que todo el mundo la observaba. Todo era nuevo para ella. Cuando eres actriz, no hay tiempo para la escuela. En Hollywood, había tenido un profesor que iba diariamente a su casa. Ir a la escuela era diferente.

Paige se sentó en un pupitre vacío mientras sentía que se iba poniendo colorada.

Durante todo el día, chicos y chicas se acercaban a ella entusiasmados por conocer a una estrella.

—¡Cuenta ese chiste que contaba Sophie! ¡Haz una de sus caras feas! —pedían los muchachos. A todos les encantaba Sophie. Pero, ¿acaso les gustaba Paige?

Detente Piensa Escribe

ESTRUCTURA DEL CUENTO

¿A qué problema se enfrenta Paige?

_____

_____

_____

Por la tarde tuvieron clase de matemáticas. La muchacha de al lado le acercó el libro.

—Me llamo María —dijo susurrando—. Me encanta tu serie, Paige. ¿Te gustan las matemáticas?

—Es mi asignatura favorita —contestó Paige.

—¡La mía también! —dijo María—. Podemos resolver este problema juntas. Mira, si redondeamos este número hacia arriba...

—¡Obtenemos 3,000! —dijo Paige—. Estoy **segura** de que esa es la respuesta.

María sonrió y asintió con la cabeza.

Detente Piensa Escribe

VOCABULARIO

¿Por qué está segura Paige de haber hallado la respuesta correcta?

_____

_____

_____

A las tres de la tarde, María y Paige salieron juntas de la escuela. Por el camino, dos muchachas gritaron: "¡Esa es Sophie! ¡Hola, Sophie!". Y la sonrisa de Paige se desvaneció.

—Oye, Paige —le dijo María—. ¿Te gusta nadar?

—¡Me encanta nadar! ¡Es mi mayor **talento**!

—Entonces, ¿por qué no te apuntas en el equipo de natación? Es muy divertido.

A Paige le gustó integrarse al equipo. Sin embargo, al principio, las otras nadadoras solo querían hablar de Sophie.

Detente Piensa Escribe

ESTRUCTURA DEL CUENTO

¿Cómo empieza a cambiarle la vida a Paige?

_____

_____

_____

María la ayudaba. Cuando alguien **mencionaba** a Sophie, María negaba con la cabeza y decía: "Habla con Paige. ¡Es una persona real, una persona de carne y hueso!"

Era la primera vez que Paige tenía una mejor amiga.

Poco a poco, los demás se olvidaron de que era una estrella. Y Paige se olvidó también. Estaba verdaderamente ocupada con campeonatos de natación, clases de arte y ferias de ciencias. Paige y una muchacha llamada Trina ganaron un premio por su proyecto sobre ranas. Paige se sentía orgullosa de ello.

Detente   Piensa   Escribe

ESTRUCTURA DEL CUENTO

¿Por qué se olvida Paige de que era una estrella?

_____

_____

_____

Un día, un muchacho se mudó a la casa de al lado de Paige y fue a visitarla.

—Hola, me llamo Christopher.

Entonces sucedió algo extraño, poco **característico**:

—¿Y tú? ¿Cómo te llamas? —le preguntó el muchacho.

Paige se quedó boquiabierta. ¡Era increíble!

—¿De dónde eres? —le preguntó a él.

—Mis padres son periodistas. Hemos vivido por todo el mundo —contestó el chico—. Es la primera vez que vivo en los Estados Unidos.

—Bien; yo soy Paige —dijo sin más.

—Mucho gusto en conocerte, Paige.

—Bienvenido a Maple Hills —contestó Paige.

Detente Piensa Escribe

COMPRENDER A LOS PERSONAJES

¿Por qué se sorprende Paige de que Christopher le pregunte cómo se llama?

_____

_____

_____

Vuelve a leer y responde

1 ¿Qué cambia para Paige cuando se muda de Hollywood a Maple Hills?

> **Pista**
>
> Busca pistas en las páginas 5 y 6.

_____

_____

_____

2 ¿Cómo quiere Paige que la traten?

> **Pista**
>
> Busca pistas en todas las páginas. Mira, por ejemplo, las páginas 4, 5, 9 y 10.

_____

_____

_____

3 ¿Cómo le ayuda a Paige la amistad de María a habituarse a su nueva vida?

> **Pista**
>
> Busca pistas en las páginas 8 y 9.

_____

_____

_____

4 ¿Conoces a alguien como Paige? Explica tu respuesta.

> **Pista**
>
> Piensa en alguien que tú conozcas a quien le haya sido difícil integrarse a un nuevo grupo.

_____

_____

_____

11

¡Hazte un detective de la lectura!

Vuelve a

"Gracias a Winn-Dixie"
Libro del estudiante,
págs. 21–31

1 **¿Qué hace Winn-Dixie al comienzo del cuento?**

☐ Mira por la ventana de la biblioteca.

☐ Se acurruca a los pies de la Srta. Franny Block.

☐ Ahuyenta a un oso que se acerca a la biblioteca.

¡Pruébalo! ¿Qué evidencia del cuento apoya tu respuesta?

Marca las casillas. ✓ Toma notas.

Evidencia	Notas
☐ las reglas de la biblioteca sobre perros	
☐ lo que dice y hace la Srta. Franny	
☐ lo que nos cuenta la narradora	
☐	

¡Escríbelo!

ESTRUCTURA DEL CUENTO

Responde a la pregunta 1 usando evidencia del texto.

_____

_____

_____

_____

_____

2 **¿Qué suceso ocurre primero?**

☐ Opal y la Srta. Franny deciden ser amigas.

☐ La Srta. Franny le cuenta a Opal la historia sobre el oso.

☐ La Srta. Franny le tiene miedo a Winn-Dixie.

☐ Un oso asusta a la Srta. Franny.

¡Pruébalo! ¿Qué evidencia del cuento apoya tu respuesta? Marca las casillas. ☑ Toma notas.

Evidencia	Notas
☐ las palabras de la Srta. Franny Block	
☐ sucesos en el cuento	
☐ palabras como "hace mucho tiempo"	
☐	

¡Escríbelo!

SECUENCIA DE SUCESOS

Responde a la pregunta **2** usando evidencia del texto.

_____

_____

_____

_____

_____

_____

_____

✓ VOCABULARIO CLAVE

ejemplo
injusticia
numeroso
preferir
sueño

El Movimiento Afroamericano para las Artes

1 El Movimiento Afroamericano para las Artes comenzó en la década de 1960. Los artistas afroamericanos veían muchas **injusticias** en la sociedad y en cómo eran maltratados los afroamericanos. Se unieron para ayudar.

Escribe una palabra que signifique lo opuesto a injusticia.

_____

2 Estos artistas se sentían orgullosos de ser afroamericanos. Querían servir de **ejemplo**. Su trabajo trataba sobre la vida de los afroamericanos.

Cuenta sobre alguna vez que sirvieras de ejemplo para alguien.

_____

_____

_____

3 Era la primera vez que se unían por una causa común tantos artistas afroamericanos. Cada uno **prefería** mostrar el orgullo por su cultura a través de su trabajo.

Describe la comida que <u>preferías</u> cuando eras más chico.

_____

_____

_____

4 El movimiento contaba con **numerosos** artistas. Había poetas, actores, músicos y bailarines. Todos defendían un mensaje similar.

¿Has pertenecido alguna vez a un grupo de <u>numerosos</u> miembros?

_____

_____

5 Estos artistas tenían un **sueño**. Querían que su comunidad fuera fuerte y estuviera orgullosa de sí misma.

¿Cuál es tu <u>sueño</u>?

_____

_____

_____

Gwendolyn Brooks

por Mia Lewis

Una poeta premiada

Gwendolyn Brooks fue poeta. Escribió muchos libros de poesía y, en 1950, obtuvo un gran premio por un libro titulado *Annie Allen*. Ganó el Premio Pulitzer. Fue la primera de los poetas americanos en obtener este galardón.

La obtención del Pulitzer cambió su vida, hasta el punto de bromear sobre esto diciendo: "A veces pienso que me llamo Gwendolyn Pulitzer Brooks".

Detente   Piensa   Escribe

PROPÓSITO DE LA AUTORA

¿Por qué incluye la autora las propias palabras de Gwendolyn Brooks sobre su obtención del Premio Pulitzer?

_____

_____

_____

14

Primeros poemas

Brooks nació en 1917 y se crio en Chicago. De pequeña comenzó a escribir rimas con la ayuda de sus padres, que le enseñaron a leer y escribir.

Su primer poema fue publicado en un periódico de Chicago cuando tenía 13 años. A los 17 años ya había publicado 75 poemas.

Brooks era una mujer valiente. Envió su trabajo a Langston Hughes, un famoso poeta, que la animó a seguir escribiendo.

Detente Piensa Escribe

CONCLUSIONES Y GENERALIZACIONES

¿Cómo crees que sería escribirle a un escritor famoso y recibir su respuesta?

_____

_____

_____

Bronzeville

Gwendolyn Brooks fue a la universidad y luego se casó y tuvo dos hijos. Pero también siguió el consejo de Hughes, ¡y continuó escribiendo! Su primer libro fue publicado en 1945. Unos años más tarde, publicó un libro de poemas para niños.

Los dos libros trataban sobre Bronzeville, nombre dado a la zona afroamericana de Chicago. Los poemas insuflaban de vida a la ciudad y versaban sobre sus habitantes.

Detente Piensa Escribe

PROPÓSITO DE LA AUTORA

¿Por qué crees que la autora incluye información sobre Bronzeville?

_____

_____

_____

Voz poética

Brooks pensaba que la poesía debía leerse en voz alta. Le encantaba recitar sus poemas a la gente y lo hacía allá donde las personas estuvieran dispuestas a escucharlos. Leía en escuelas, en hospitales y en bares. Leía en las cárceles y en viviendas marginales.

Llevaba sus poemas a todas partes, ¡porque siempre estaba dispuesta a leerlos!

Detente Piensa Escribe

CAUSA Y EFECTO

¿Por qué llevaba Gwendolyn Brooks sus poemas a todos lados?

_____

_____

_____

17

El Movimiento Afroamericano para las Artes

En 1967, Gwendolyn Brooks asistió a una reunión en la que conoció a muchos jóvenes poetas. Esos poetas se sentían muy orgullosos de ser afroamericanos. Sus poemas trataban sobre los temas de especial importancia para los afroamericanos.

Los poetas formaban parte del Movimiento Afroamericano para las Artes, y fueron un gran **ejemplo** para Brooks. Ella siempre había escrito sobre la vida de los afroamericanos pero, a partir de entonces, comenzó a escribir incluso más sobre los asuntos importantes para su comunidad. Escribía sobre la forma en que eran tratados. Escribió sobre la **injusticia**. No aceptaba que las personas fueran tratadas injustamente solamente por ser afroamericanas.

Detente Piensa Escribe

VOCABULARIO

¿De qué forma sirvieron de ejemplo para Brooks los poetas del Movimiento Afroamericano para las Artes?

_____

_____

_____

Mayor relevancia

Brooks cobró importancia dentro del Movimiento Afroamericano para las Artes. **Prefería** que sus libros fueran impresos por editores afroamericanos y ofrecía su ayuda a jóvenes poetas afroamericanos. Solía decir que aprendía mucho de los jóvenes.

Brooks también dirigía talleres de poesía y organizaba concursos de poemas. La mayoría de los concursos se realizaba en las escuelas, e incluso una vez un concurso se llevó a cabo en una cárcel. A menudo pagaba los premios con su propio dinero.

Detente Piensa Escribe   PROPÓSITO DE LA AUTORA

¿Crees que la autora considera importante el Movimiento Afroamericano para las Artes? Explica tu respuesta.

_____

_____

_____

Una inspiración para los demás

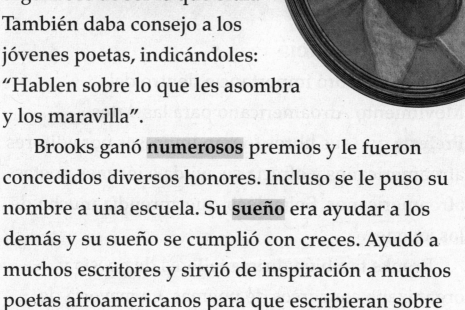

Brooks siguió escribiendo libros para niños. En ellos les decía que estuvieran orgullosos de ser lo que eran. También daba consejo a los jóvenes poetas, indicándoles: "Hablen sobre lo que les asombra y los maravilla".

Brooks ganó **numerosos** premios y le fueron concedidos diversos honores. Incluso se le puso su nombre a una escuela. Su **sueño** era ayudar a los demás y su sueño se cumplió con creces. Ayudó a muchos escritores y sirvió de inspiración a muchos poetas afroamericanos para que escribieran sobre sus propias vidas.

Detente Piensa Escribe

VOCABULARIO

¿Cómo se hizo realidad el <u>sueño</u> de Gwendolyn Brooks?

_____

_____

_____

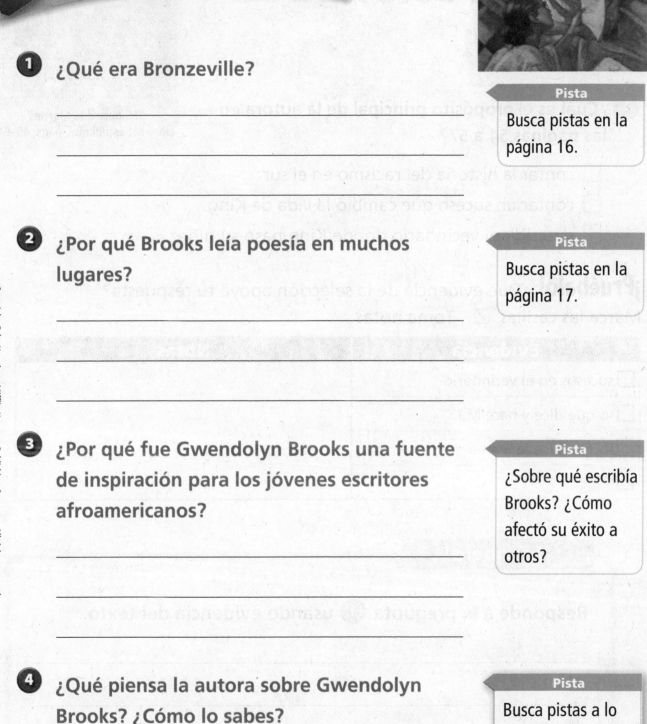

Vuelve a leer y responde

1 ¿Qué era Bronzeville?

_____

_____

_____

Pista

Busca pistas en la página 16.

2 ¿Por qué Brooks leía poesía en muchos lugares?

_____

_____

_____

Pista

Busca pistas en la página 17.

3 ¿Por qué fue Gwendolyn Brooks una fuente de inspiración para los jóvenes escritores afroamericanos?

_____

_____

_____

Pista

¿Sobre qué escribía Brooks? ¿Cómo afectó su éxito a otros?

4 ¿Qué piensa la autora sobre Gwendolyn Brooks? ¿Cómo lo sabes?

_____

_____

_____

Pista

Busca pistas a lo largo de todo el relato.

¡Hazte un detective de la lectura!

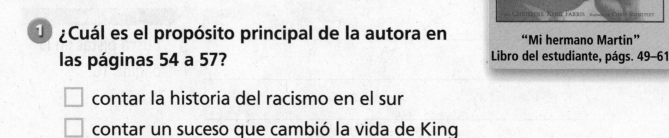

"Mi hermano Martin"
Libro del estudiante, págs. 49–61

1 **¿Cuál es el propósito principal de la autora en las páginas 54 a 57?**

☐ contar la historia del racismo en el sur

☐ contar un suceso que cambió la vida de King

☐ describir el vecindario donde King pasó su niñez

¡Pruébalo! ¿Qué evidencia de la selección apoya tu respuesta?
Marca las casillas. ☑ Toma notas.

Evidencia	Notas
☐ sucesos en el vecindario	
☐ lo que dice y hace M.L.	
☐ lo que dice la mamá	
☐	

¡Escríbelo!

PROPÓSITO DE LA AUTORA

Responde a la pregunta 1 usando evidencia del texto.

_____

_____

_____

_____

_____

_____

2 La autora cuenta que cuando ella era joven, había leyes que mantenían a las personas negras separadas de las personas blancas. ¿Es esto un hecho o una opinión?

☐ hecho

☐ opinión

¡Pruébalo! ¿Qué evidencia de la selección apoya tu respuesta? Marca las casillas. ✓ Toma notas.

Evidencia	Notas
☐ detalles sobre teatros y parques	
☐ detalles sobre el vecindario	
☐ lo que dice la mamá	
☐ los cuentos de papá a la hora de cenar	
☐	

¡Escríbelo!

HECHO Y OPINIÓN

Responde a la pregunta **2** usando evidencia del texto.

_____

_____

_____

_____

_____

_____

_____

21B

Lección 3

✓ VOCABULARIO CLAVE

acceso
aislado
obtener
remoto
virtual

Niños que necesitan libros

En algunas comunidades alrededor del mundo, a menudo se les hace difícil a los niños conseguir u (1) ____________________ libros y otros materiales educativos. Ni siquiera es posible una sala (2) ____________________ en línea. Estas regiones son tan lejanas, o (3) ____________________, que ni siquiera tienen (4) ____________________ a la electricidad. Las personas que viven en estos lugares pueden sentirse solas o (5) ____________________ de otros y del mundo.

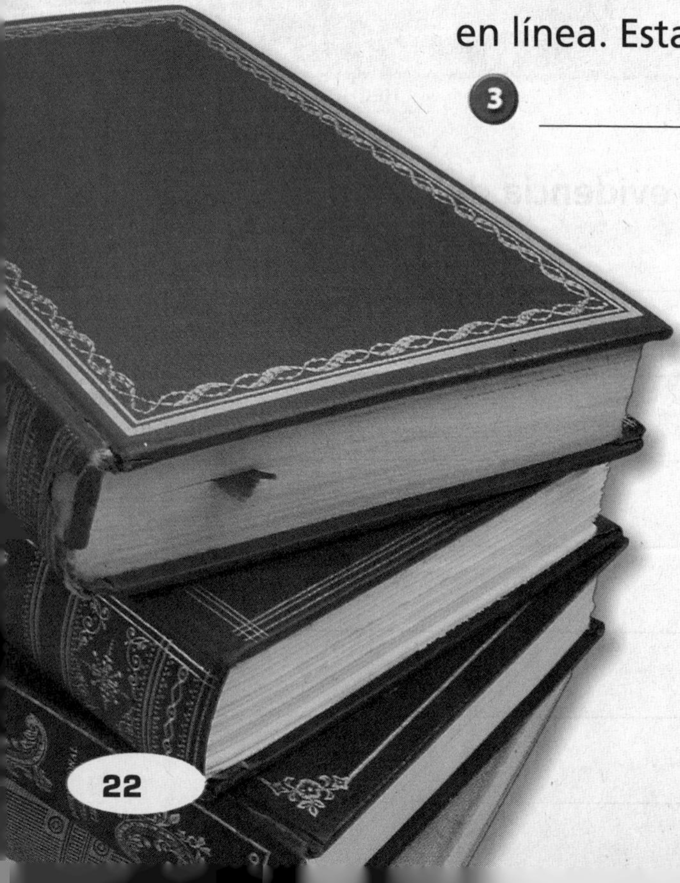

6 ¿Puedo tener _____ a la sala de computadoras esta tarde?

7 Sin su computadora, se sintió totalmente _____ del mundo.

8 Debes _____ permiso de tus padres para hacer el paseo educativo.

9 La zona era tan _____ que ni siquiera tenía electricidad.

10 La sala _____ es una excelente manera para que los niños que viven en áreas rurales se mantengan conectados.

Repartidores de palabras

por Dina McClellan

Cuando tenía 12 años, una estudiante de California llamada Tatiana Grossman aprendió algo que la sorprendió. El 75 por ciento de los niños en algunos países de África no podían leer ni escribir. Esto era así porque vivían en zonas tan **remotas** que no tenían **acceso** a libros.

Tatiana también aprendió que las dificultades con la lectura son un gran problema en muchos países, especialmente en partes de África. Por ejemplo, en áreas **aisladas** de Botsuana y Lesoto, cerca de dos de cada cinco personas no pueden leer ni escribir.

Detente **Piensa** **Escribe**

VOCABULARIO

¿Qué dos palabras resaltadas en esta página significan lo mismo? ¿Qué significan?

_____

_____

_____

24

Siendo ella una lectora precoz, Tatiana sabía que los libros eran importantes. Le preocupaba mucho que no todos los niños del mundo pudieran **obtener** material de lectura. Decidió ponerse en marcha y juntar libros para los niños en esos lugares.

Tatiana lideró una colecta de libros en el parque de la biblioteca de su pueblo. Duró 10 días. Al final de la colecta, había juntado 3,500 libros. Muchos de esos libros eran donaciones de padres de niños que ya estaban grandes para cierto tipo de lectura.

Detente   Piensa   Escribe

CAUSA Y EFECTO

¿Por qué comenzó Tatiana una colecta de libros en su pueblo?

_____

_____

_____

Repartidores de palabras

Para apresurar la tarea de ayudar a que los libros llegaran a los niños, Tatiana inició un grupo llamado Repartidores de Palabras.

El propósito de los Repartidores de Palabras es ayudar a niños y a adultos a fundar bibliotecas en lugares donde no las hay. Repartidores de Palabras también provee ayuda. Ofrece sugerencias sobre cómo cuidar una biblioteca una vez que ha sido inaugurada y ayuda a las personas a mantenerse en contacto.

Detente **Piensa** **Escribe**

IDEA PRINCIPAL Y DETALLES

¿Cómo ayudan a las personas los Repartidores de Palabras?

_____

_____

_____

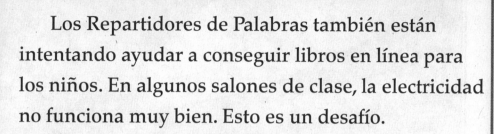

Los Repartidores de Palabras también están intentando ayudar a conseguir libros en línea para los niños. En algunos salones de clase, la electricidad no funciona muy bien. Esto es un desafío.

Solucionar este desafío logrará que los tan necesitados libros en línea lleguen a los salones rápidamente. También ahorrará el alto costo de envíos a lugares lejanos.

Detente Piensa Escribe

CAUSA Y EFECTO

¿Por qué a veces es difícil usar libros en línea en los salones de clase?

_____

_____

_____

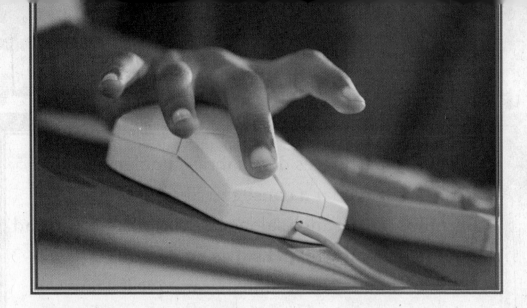

Camino a lo digital

Hoy día, ya una adolescente, Tatiana está ocupada trabajando con maestros de escuela y otras personas. Están tratando de proveer a los salones de clase con material educativo **virtual**.

Para ampliar sus objetivos, Tatiana está desarrollando un aparato pequeño y fácil de usar, operado a baterías. Este aparato está cargado con libros de texto, videos y libros con ilustraciones. El Ministerio de Educación de Botsuana está a cargo de probar la tecnología.

Detente Piensa Escribe

CAUSA Y EFECTO

¿Qué efecto podría tener la nueva tecnología?

_____

_____

_____

Los Repartidores de Palabras han abierto
bibliotecas en cinco países africanos. Estas
bibliotecas prestan sus servicios a 115 escuelas
y aldeas.

Tatiana ha ganado muchos premios, entre ellos,
el Premio Niños del Mundo (2011) y el Premio de
la Asamblea Juvenil otorgado por las Naciones
Unidas (2011). En 2010 fue finalista en el Premio
Internacional de la Paz para Niños. Ha conversado
con miles de niños y adultos en Estados Unidos y
África.

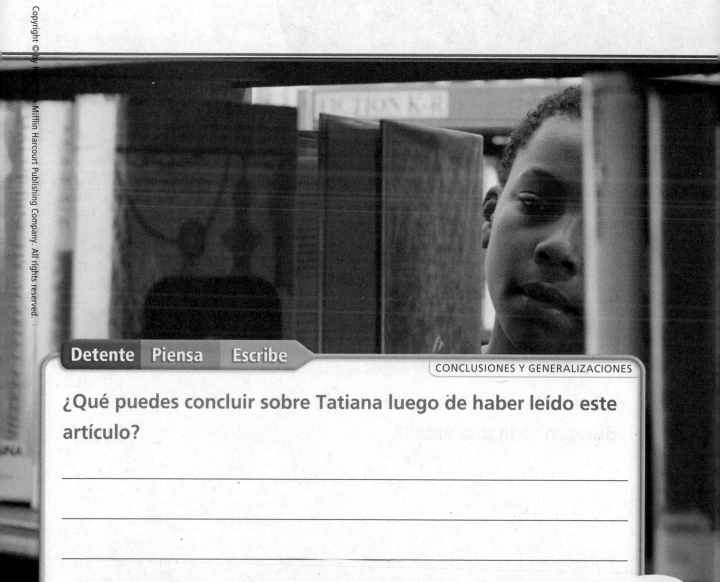

Detente **Piensa** **Escribe**

CONCLUSIONES Y GENERALIZACIONES

¿Qué puedes concluir sobre Tatiana luego de haber leído este
artículo?

_____

_____

_____

Tatiana ha ayudado a miles de niños que desean leer. Les ha proporcionado regalos que les durarán toda una vida.

Detente | Piensa | Escribe

INFERIR Y PREDECIR

¿Qué quiere decir la autora cuando dice: "regalos que les durarán toda una vida"?

_____

_____

_____

Vuelve a leer y responde

1 ¿Por qué Tatiana comenzó una colecta de libros?

_____

_____

_____

Pista

Busca pistas en la página 24.

2 ¿Cuál es el propósito de los Repartidores de Palabras?

_____

_____

_____

Pista

Busca pistas en las páginas 26 y 27.

3 ¿Por qué crees que la autora menciona los premios que ha ganado Tatiana?

_____

_____

_____

Pista

Como ayuda para responder a la pregunta 3, relee la página 29.

¡Hazte un detective de la lectura!

Vuelve a

"Mi bibliotecario es un camello"
Libro del estudiante,
págs. 79–91

1 Algunas comunidades son demasiado pequeñas o están muy aisladas para tener una biblioteca. Como resultado, tienen diferentes formas de conseguir libros. ¿De qué formas los consiguen?

☐ por correo   ☐ por camello

☐ por elefante   ☐ _____

¡Pruébalo! ¿Qué evidencia de la selección apoya tus respuestas? Marca las casillas. ☑
Toma notas.

Evidencia	Notas
☐ detalles sobre Canadá	
☐ detalles sobre Tailandia	
☐ detalles sobre Kenia	

¡Escríbelo!

CAUSA Y EFECTO

Responde a la pregunta **1** usando evidencia del texto.

_____

_____

_____

_____

_____

_____

_____

2 **¿Qué puedes aprender sobre cada país a partir de los elementos gráficos de la selección?**

☐ la forma del país

☐ detalles sobre cómo los niños obtienen libros

☐ cómo es su bandera

☐ otras _____

¡Pruébalo! ¿Qué evidencia de la selección apoya tu respuesta? Marca las casillas. ☑ Toma notas.

Evidencia	Notas
☐ fotografías	
☐ mapas	
☐ ilustraciones	
☐	

¡Escríbelo!

CARACTERÍSTICAS DEL TEXTO Y DE LOS ELEMENTOS GRÁFICOS

Responde a la pregunta ② usando evidencia del texto.

_____

_____

_____

_____

_____

_____

_____

Bancos de alimentos

Antes de crear un banco de alimentos, John van Hengel tuvo que **salvar** del hambre a la gente de un comedor de beneficencia. Descubrió que los supermercados desechan muchos alimentos en buen estado. Es por ello que les pidió que donasen esa comida al comedor.

Poco después, ¡el comedor rebosaba de comida! John **juzgó mal** la cantidad de comida que iba a necesitar, por lo que terminó con mucha más de la que precisaba.

John comenzó a trazar un **plan**. ¿Qué pasaría si pudiese almacenar la comida de la misma forma que almacena dinero un banco? De esa forma, habría comida cuando hiciese falta para la gente necesitada.

También pidió a unos granjeros que le hicieran un **favor**. Les pidió que donasen la comida que les sobrase. Con esa comida, comenzó el Banco de Alimentos de St. Mary, el primer banco de alimentos del país.

El banco de alimentos también consiguió una subvención. Este dinero fue otorgado para **ayudar** a fundar otros 18 bancos. Hoy en día, ¡el banco de alimentos de Phoenix reparte alrededor de 60 millones de libras de comida!

1 John trazó un _____ para almacenar comida para los necesitados.

2 John trabajó en un comedor para tratar de _____ del hambre a los más necesitados, antes de crear un banco de alimentos.

3 Si _____ la cantidad de comida que necesito, termino acumulando demasiados alimentos.

4 ¿Cuál fue el último <u>favor</u> que le hiciste a un amigo?

_____

_____

_____

5 ¿Cómo podrías <u>ayudar</u> a un nuevo estudiante de tu escuela?

_____

_____

_____

Concierto por una causa

por Estelle Kleinman

Narrador: Estamos en la cocina de Ben. Ben y Amy están hablando sobre un proyecto de la escuela.

Amy: Cómo me alegra haber terminado de hacer este informe. Nunca me habría imaginado que hubiese tanta gente en el mundo pasando hambre. ¡Qué triste!

Ben: ¡Gente que pasa hambre hay también aquí, donde vivimos!

Amy: Ojalá pudiéramos hacer algo para ayudar.

Narrador: Ben comienza a entusiasmarse a medida que empieza a idear un **plan**.

Ben: ¡Creo que podemos hacerlo!

Personajes

Ben, estudiante de cuarto grado
Amy, amiga de Ben
Abuelo

Detente Piensa Escribe

VOCABULARIO

¿Sobre qué crees que trata el <u>plan</u> de Ben?

_____

_____

_____

Ben: Amy, yo toco la trompeta y canto. Tú también tienes muy buena voz. Hazme un **favor**: haz una lista de las personas que conozcas que toquen algún instrumento.

Amy: ¡Despacio, Ben! ¿Adónde va todo esto?

Ben: ¡Podemos dar un concierto para recaudar dinero para el banco de alimentos local!

Amy: ¡Qué gran idea! Estoy segura de que tu abuelo ayudará también. ¿No tocaba él en una banda?

Narrador: El abuelo de Ben se ilusionó mucho con la idea. Amy y Ben consiguieron que se unieran otros también.

Detente Piensa Escribe

COMPRENDER A LOS PERSONAJES

¿En qué se parecen Ben y Amy?

_____

_____

_____

Narrador: Los músicos tienen que ensayar mucho. Durante el ensayo, Ben está un poco más que nervioso.

Ben: No, no. Hay alguien que desentona. Tenemos que empezar de nuevo.

Amy: Tranquilo, Ben. Todos queremos hacerlo lo mejor posible.

Ben: ¡Pues lo mejor posible no es suficiente! Tal vez **juzgué mal** tu talento.

Narrador: Amy se va, furiosa.

Abuelo: Ben, eso no estuvo bien.

Ben: Lo sé, Abuelo. Solo quiero que todo vaya bien. Continuemos ensayando. Ya le pediré perdón a Amy luego.

Detente **Piensa** **Escribe**

ESTRUCTURA DEL CUENTO

¿Por qué crees que Amy se va furiosa?

_____

_____

_____

Narrador: Estamos en la semana anterior al concierto. Ben todavía no ha hablado con Amy. Ben y su abuelo están ensayando.

Abuelo: Deberías llamar a Amy.

Ben: No sé, Abuelo. Creo que lo haré después del concierto.

Narrador: Abuelo niega con la cabeza.

Abuelo: No deberías demorar las cosas importantes. Estás siendo muy considerado dando un concierto para ayudar a los demás. Pero no deberías olvidarte de Amy. Ella es tu amiga.

Narrador: Justo en ese momento, Abuelo se marea y cae al suelo.

Ben: ¡Abuelo! ¿Estás bien? ¡Voy a buscar ayuda!

Detente   Piensa   Escribe

TEMA

¿Qué trata de enseñarle el Abuelo a Ben?

_____

_____

_____

Narrador: Al abuelo de Ben lo llevan al hospital, donde un equipo médico lo recibe y lo **salva**. Cuando llega el día del concierto, a Ben le sorprende ver a Amy en el auditorio.

Amy: Acabo de enterarme de lo de tu abuelo. ¿Cómo está?

Ben: Se pondrá bien. Pero no puede evitar faltar al concierto.

Amy: Sé que no puedo sustituirlo, pero me gustaría **ayudarte** si puedo. Sé que el concierto es muy importante para ti.

Ben: Bueno, la verdad es que echábamos de menos una gran voz femenina. ¿Te acuerdas de las canciones que estuvimos ensayando?

Amy: ¡Pues claro que sí! Voy a prepararme.

Narrador: Ben quiere decirle algo más a Amy, pero el concierto está a punto de empezar.

Detente Piensa Escribe

VOCABULARIO

¿De qué manera podría ayudar Amy a Ben?

_____

_____

_____

Narrador: Al concierto asistieron
alrededor de 100 personas.
Fue un gran éxito. Ben y Amy
hablan entre bastidores.

Ben: ¡Has estado estupenda!
El concierto no habría ido
tan bien sin ti. Gracias por tu
ayuda.

Amy: Para eso están los amigos, para ayudarse
mutuamente.

Ben: Amy, de verdad, lo siento. Sé que no me porté
bien contigo.

Amy: Eso no lo puedo negar. De todas formas, te
perdono. ¿Cuánto recaudamos para el banco de
alimentos?

Ben: ¡Recaudamos $700! ¡Con eso podemos comprar
2,800 libras de alimentos!

Amy: ¡Caramba! Vayamos a ver a tu abuelo para
darle la buena noticia.

Detente   Piensa   Escribe

TEMA

¿Qué lección ha aprendido Ben?

_____

_____

_____

Cifras del hambre en los Estados Unidos

- Alrededor de 37 millones de personas pasan hambre en los Estados Unidos. Eso significa que no comen todas las comidas del día, comen menos de lo que quisieran o incluso pasan días enteros sin comer.
- De las personas que pasan hambre, 12 millones son niños.

Feeding America

Feeding America es el mayor grupo dedicado a repartir alimentos a las personas que pasan hambre. Reparte comida a más de 25 millones de personas al año.

¿Quién ayuda a los bancos de alimentos?

- La industria alimentaria dona los comestibles que no han sido vendidos.
- Hay compañías que dan dinero para comprar alimentos.
- Hay personas que donan dinero, alimentos u ofrecen su tiempo para ayudar.

Detente   Piensa   Escribe

TEMA

¿Cómo te ayudan estos datos a comprender por qué Ben decidió organizar un concierto?

_____

_____

_____

Vuelve a leer y responde

1 ¿Cómo describirías a Ben?

_____

_____

_____

Pista

Busca pistas en todas las páginas. Mira, por ejemplo, las páginas 34, 36, y 39.

2 ¿Piensas que Amy y Ben tienen una buena amistad? Explica tu respuesta.

_____

_____

_____

Pista

Busca pistas en las páginas 35, 38 y 39.

3 ¿Qué enseña la obra sobre la amistad?

_____

_____

_____

Pista

La respuesta a la pregunta 2 podría ayudarte.

4 ¿Qué tipo de cosas podrías hacer para contribuir a mejorar la zona donde vives?

_____

_____

_____

Pista

Piensa en algo que podrías hacer para mejorar tu comunidad.

¡Hazte un detective de la lectura!

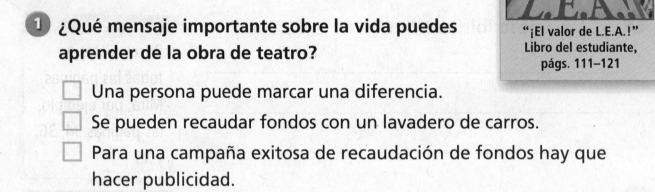

Vuelve a

"¡El valor de L.E.A.!"
Libro del estudiante,
págs. 111–121

1 **¿Qué mensaje importante sobre la vida puedes aprender de la obra de teatro?**

☐ Una persona puede marcar una diferencia.

☐ Se pueden recaudar fondos con un lavadero de carros.

☐ Para una campaña exitosa de recaudación de fondos hay que hacer publicidad.

¡Pruébalo! ¿Qué evidencia de la obra de teatro apoya tu respuesta?
Marca las casillas. ✓ Toma notas.

Evidencia	Notas
☐ lo que le importa a Ileana	
☐ lo que dice y hace Ileana	
☐ cómo termina la obra de teatro	
☐	

¡Escríbelo!

TEMA

Responde a la pregunta **1** usando evidencia del texto.

_____

_____

_____

_____

_____

2 ¿Qué conclusión puedes sacar sobe la Sra. Nguyen?

☐ Lee mucho.

☐ Le gusta conducir el autobús.

☐ Es una madre cariñosa.

☐ otras _____

¡Pruébalo! ¿Qué evidencia de la obra de teatro apoya tu respuesta?
Marca las casillas. ☑ Toma notas.

Evidencia	Notas
☐ lo que dice la Sra. Nguyen	
☐ lo que hace la Sra. Nguyen	
☐ las ilustraciones	
☐	

¡Escríbelo!

CONCLUSIONES Y GENERALIZACIONES

Responde a la pregunta 2 usando evidencia del texto.

_____

_____

_____

_____

_____

_____

✓ VOCABULARIO CLAVE

anhelo
condición
escasez
horrorizado
memorable

Cuentos increíbles

La gente siempre ha sentido un gran

1 _____ de disfrutar y de que

la entretengan. En el pasado no había televisión,

así que las personas se divertían contándose

cuentos. Los cuentos tradicionales son relatos

que han sido transmitidos por vía oral, de una

persona a otra.

Un tipo de cuento tradicional es el cuento increíble. Los cuentos increíbles suelen tratar sobre sucesos ocurridos durante la expansión de los Estados Unidos hacia el Oeste. Cada uno de estos cuentos increíbles es

2 _____. Esto es así porque se han contado montones de veces durante muchísimo tiempo.

Los héroes de estos cuentos increíbles suelen tener una **3** _____ física excelente. Estos cuentos suelen hablar de personajes que hacen cosas asombrosas.

En los cuentos increíbles no hay **4** _____ de humor. Partes del cuento son exageradas o graciosas. Los héroes de estos cuentos resuelven problemas de maneras difíciles de creer. Encontrarte de repente con un buey azul gigante puede dejarte **5** _____. Pero a las personas de los cuentos sobre Paul Bunyan no les asusta Babe, su buey. ¡Esta gente también forma parte del cuento increíble!

Las vacaciones de Babe

por Estelle Kleinman

Paul Bunyan era solo un muchacho. Era un poco más pequeño que un estadio pero mucho más alto que una casa. Un invierno, Paul halló en el bosque un buey azul y le puso de nombre Babe. Babe creció y se hizo tan grande y fuerte como Paul. Cuando Paul se hizo leñador, Babe se fue a trabajar con él.

Trabajaban muy duro. Talaban árboles grandes y árboles pequeños. Entonces, un buen día, talaron el último árbol de las Grandes Llanuras.

—Bueno, pues eso es todo por ahora —dijo Paul—. Creo que necesitamos unas vacaciones.

Detente Piensa Escribe

COMPRENDER A LOS PERSONAJES

¿En qué se parecen Paul y Babe?

—¡Vacaciones! ¡Qué maravilla! —exclamó Bessie, la esposa de Babe. Belle y Blue, los hijos de la pareja, también se pusieron muy contentos.

—Siempre he sentido el **anhelo** de viajar por el país —añadió Bessie.

Blue y Belle se mostraron de acuerdo.

—Pues entonces eso es justo lo que haremos —dijo Babe.

Su primera parada fue en los Grandes Lagos. La familia se detuvo en cada uno de los seis lagos para bañarse un rato. Al llegar al último lago, estaban muy sedientos. Así que bebieron, bebieron y bebieron, de tal forma que al final el lago se quedó sin agua. Y esa es la razón por la cual en la actualidad solo hay cinco Grandes Lagos.

Detente   Piensa   Escribe

COMPRENDER A LOS PERSONAJES

¿Se preocupa Babe por su familia? Explícalo.

_____

_____

_____

La siguiente parada fue en la ciudad de Nueva York. Los altos edificios tenían la medida justa para que Blue pudiera apoyarse en ellos.

—¡Deja de hacer eso! —le reprochó Belle—. Vas a asustar a la gente.

Sin embargo, nadie se dio cuenta. Los habitantes de la ciudad estaban demasiado ocupados como para preocuparse por grandes bueyes azules.

Los robustos y pesados bueyes dejaban muchos baches a su paso. Poco después, las calles estaban llenas de hoyos y en malas **condiciones**. Al ver esto, el alcalde decidió usar los agujeros para excavar túneles y emplear trenes subterráneos. Así es como nació el sistema de metro.

Detente Piensa Escribe

COMPRENDER A LOS PERSONAJES

¿Qué has aprendido sobre Belle?

_____

_____

_____

A continuación, la familia se desplazó a Florida. Blue y Belle se pusieron a jugar entre las olas, pero sus bruscos juegos hicieron que las olas cambiaran de dirección. Y a medida que se alejaban mar adentro, las olas crecían de tamaño.

Justo entonces, un huracán se dirigía a la costa, pero las grandes olas lo hicieron retroceder y girar en dirección contraria. ¡Los niños habían salvado la costa!

—Vayamos a Texas —dijo Babe—. Tal vez podamos solucionar su **escasez** de agua.

Para ello, Babe enganchó una gran nube de lluvia a uno de sus cuernos, arrastrándola tras él. De repente, la nube reventó de golpe y todos los habitantes de Texas pudieron disfrutar de una lluvia buena y fresca.

Detente · Piensa · Escribe

VOCABULARIO

¿Qué podría causar la <u>escasez</u> de agua?

_____

_____

_____

La siguiente parada fue en las Montañas Rocosas.

—¡Qué agradable! —exclamó Bessie.

—¡Deslicémonos desde las cimas! —gritó Blue.

—Tengan cuidado —advirtió Bessie. Así que todos fueron muy cuidadosos.

Tomaron turnos deslizándose y rodando cuesta abajo hasta llegar al lecho del río, que con cada llegada se iba abriendo poco a poco. Finalmente, el suelo se abrió por completo, dejando unas paredes escarpadas y un camino por donde fluía el río. De esta forma, ¡el lecho se convirtió en el Gran Cañón!

Detente   Piensa   Escribe

COMPRENDER A LOS PERSONAJES

¿Por qué quiere Bessie que su familia tenga cuidado?

_____

_____

_____

Había llegado la hora de disfrutar de un poquito de calor. Así que la familia emprendió rumbo a California.

Una mañana, Bessie sintió temblores en la tierra y, **horrorizada**, despertó a los demás. Pronto hallaron un lugar en la tierra que se movía en todas direcciones.

—Aquí está el problema —dijo Babe—. Tratemos de arreglarlo.

Babe y Belle se colocaron en uno de los lados, y Blue y Bessie en el otro. Juntos, comenzaron a empujar hasta que cerraron el hueco y unieron la tierra de nuevo. El ruido dejó de sonar, ¡y ese fue el fin del terremoto!

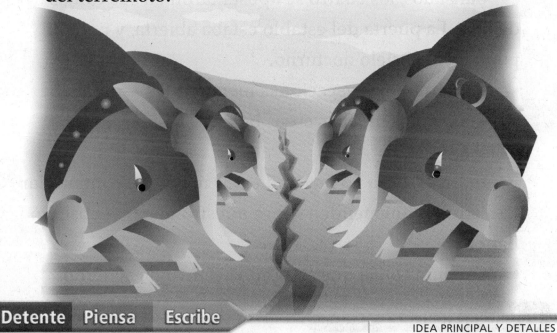

Detente Piensa Escribe

IDEA PRINCIPAL Y DETALLES

¿Cómo detiene la familia el terremoto?

_____

_____

_____

Poco después llegó la hora de regresar a casa. La familia emprendió la vuelta a través de desiertos, montañas y ríos, hasta que por fin llegaron a su granja.

Cansados, los cuatro se aposentaron en sus camas de paja. La puerta del establo estaba abierta, y por allí podían ver el cielo nocturno.

—Fueron unas vacaciones **memorables** —dijo Babe.

—Sí, vimos muchas cosas bellas —respondió su esposa.

—Así es, pero no hay nada más bello que contemplar las estrellas que penden sobre nuestro hogar —observó Babe.

Opinión con la que su familia estuvo de acuerdo.

Detente   Piensa   Escribe

VOCABULARIO

¿Por qué son las vacaciones <u>memorables</u> para la familia?

_____

_____

_____

Vuelve a leer y responde

1 ¿De qué manera muestra Babe que se preocupa por los demás?

_____

_____

_____

Pista

Busca pistas en las páginas 45, 47 y 49.

2 ¿Cómo describirías a Bessie?

_____

_____

_____

Pista

Busca pistas en las páginas 48 y 49.

3 ¿Podría suceder algo del cuento en la vida real? Explícalo.

_____

_____

_____

Pista

Piensa en los personajes. ¿Podrían existir en la realidad? ¿Sería posible algo de lo que hacen?

4 ¿Por qué este cuento es divertido?

Pista

Tu respuesta a la pregunta 3 podría ayudarte.

_____

_____

_____

¡Hazte un detective de la lectura!

Vuelve a

"Stormalong"
Libro del estudiante,
págs. 139–153

1 **¿Cómo se sienten los marineros con respecto a Stormalong?**

- ☐ Lo admiran.
- ☐ Le tienen envidia.
- ☐ Le tienen miedo.

¡Pruébalo! ¿Qué evidencia del cuento apoya tu respuesta?
Marca las casillas. ✓ Toma notas.

Evidencia	Notas
☐ la historia sobre el pulpo	
☐ cómo actúan los marineros cuando él regresa de Kansas	
☐ las acciones de la tripulación de *El Corcel*	

¡Escríbelo!

COMPRENDER A LOS PERSONAJES

Responde a la pregunta 1 usando evidencia del texto.

_____

_____

_____

_____

_____

2 **¿Qué lecciones sobre la vida pueden aprender los lectores del cuento?**

☐ Ser diferente puede tener buenas y malas consecuencias.

☐ Los marineros son las personas más felices del mundo.

☐ El que va lento pero seguro gana la carrera.

☐ otras _____

¡Pruébalo! ¿Qué evidencia del cuento apoya tu respuesta?
Marca las casillas. ☑ Toma notas.

Evidencia	Notas
☐ lo que Stormalong dice y hace	
☐ lo que otros personajes dicen y hacen	
☐ las ilustraciones	
☐	

¡Escríbelo!

TEMA

Responde a la pregunta **2** **usando evidencia del texto.**

_____

_____

_____

_____

_____

_____

_____

51B

✓ **VOCABULARIO CLAVE**

alarmarse
asombro
transmitir
extraordinario
desvanecerse

ESPACIO, HOMBRE

Marca la respuesta.

1 Luego de descubrir un hermoso nuevo planeta, el científico miró a través de su telescopio con _____.

☐ **alarma**   ☐ **asombro**   ☐ **disgusto**

2 Cuando la Luna pasa de su etapa completa a su etapa nueva (oscura), su luminosidad comienza a _____.

☐ **desvanecerse**   ☐ **intensificarse**   ☐ **brillar**

3 Es difícil _____ la belleza de nuestro planeta visto desde el espacio.

☐ **recordar**   ☐ **transmitir**   ☐ **desvanecerse**

4 Cuando la nave espacial comenzó a quedarse sin oxígeno, el astronauta se _____.

☐ **alarmó**   ☐ **extraordinario**   ☐ **aburrió**

5 Los periódicos en todo el mundo describieron la primera caminata de Neil Armstrong en la luna como un logro_____.

☐ **espantoso**   ☐ **alarmante**   ☐ **extraordinario**

6 Describe un momento <u>extraordinario</u> que hayas vivido en la escuela.

_____

_____

_____

7 Describe una parte de nuestro sistema solar que te <u>asombra</u>.

_____

_____

_____

El simulador de vuelos espaciales

por Justin Shipley

Personajes: Jen, Kristen, Rachel, Phil (Director del Observatorio), Estudiantes formando equipos

Escena I

Escenario: Afuera del simulador de vuelos espaciales en el Observatorio Espacial Centerville, donde hay una multitud de estudiantes.

Phil: *(entra)* ¡Hola a todos! Esperamos que estén listos para la competencia del simulador de vuelos de hoy. Los ganadores irán al Campamento Espacial.

Jen: *(le aprieta el brazo a su mejor amiga Kristen)* ¡El Campamento Espacial! ¿Oíste, Kristen? ¡Tenemos que ganar!

Detente Piensa Escribe

ESTRUCTURA DEL CUENTO

¿Quién crees que sea el personaje principal?
¿Por qué?

_____

_____

Phil: *(sosteniendo una gorra llena de nombres)* El simulador de vuelos debe **transmitir** cómo es formar parte del programa espacial de la NASA. A veces uno no puede elegir a los astronautas que serán los compañeros.

Kristen: *(susurrándole a Jen)* ¡No! ¡Tal vez no trabajemos juntas!

Jen: ¡Qué mal! Quién será mi compañero...

Phil: *(buscando en la gorra)* Aquí tenemos a nuestro primer par de astronautas. ¡Son Jen . . . *(Jen mira a Kristen esperanzada)* y Rachel!

(Jen mira a Rachel, una estudiante con gafas negras y un bastón. Rachel es ciega.)

Detente   Piensa   Escribe

ESTRUCTURA DEL CUENTO

¿Cuál es el escenario de esta escena?

(Phil anuncia el último par.)

Jen: *(se acerca hasta donde está Rachel)* Hola, Rachel.

Rachel: Hola, Jen. Creo que vamos a volar juntas hoy, ¿no?

Jen: Supongo que sí.

Rachel: ¿Sucede algo, Jen?

Jen: No, nada. Es solo que realmente quería ganar.

Rachel: ¿Por qué no podemos ganar? ¡Todavía no hemos comenzado siquiera!

Jen: Bueno, es solo que... ¿cómo se supone que ganemos si no puedes ver la simulación?

Detente Piensa Escribe

TEMA

¿Cómo podría ayudar Rachel a Jen en la simulación de otra manera que no sea usando el sentido de la vista?

Rachel: Para una simulación se usa mucho más que la vista, Jen. Los astronautas usan los cinco sentidos.

Phil: *(llama a las chicas)* ¡Jen y Rachel! *(explica)* Durante la simulación van a recibir una transmisión de emergencia. No se **alarmen**, pero, como puede suceder en las misiones verdaderas, la transmisión puede llegar distorsionada. Tendrán que usar su inteligencia para completar la misión.

Rachel: No te preocupes, Jen. ¡Vamos a ganar!

Jen: *(con dudas)* Espero que sí.

Detente · Piensa · Escribe

USAR EVIDENCIA DEL TEXTO

Al final de la Escena 1, ¿cree Jen que ella y Rachel van a ganar la competencia? ¿Cómo lo sabes?

_____

_____

_____

Escena II

Escenario: En la cabina del simulador de vuelos.

Rachel: Mira, seremos un buen equipo siempre que trabajemos juntas, ¿sí?

Jen: Es cierto. ¡Cuenta conmigo! Pon el elevador de potencia al máximo. Es el segundo botón a tu derecha.

Rachel: *(siente los botones y presiona uno)* ¡Listo!

Phil: *(hablando desde una pantalla de video dentro de la cabina)* ¡Emergencia! ¡Deben cargar combustible! Diríjanse a la Estación Espacial . . . en . . . el cuadrante . . . el sector . . .

Jen: *(en pánico)* ¡Rachel, no entiendo lo que dice! ¡No sé dónde recargar combustible!

Detente   Piensa   Escribe

¿Dónde ocurre la Escena II? ¿Cómo lo sabes?

_____

_____

_____

Rachel: *(escucha con atención)* Sh . . . ¡silencio! ¡Quiero escuchar! *(después de un momento)* ¡Cuadrante seis, sector dos!

Jen: ¿Estás segura?

Rachel: ¡Afirmativo!

Jen: ¡Vamos al cuadrante seis, sector dos!

(Jen pulsa las coordenadas.)

Phil: *(desde la pantalla)* ¡Felicitaciones, astronautas! ¡Salvaron la nave y obtuvieron un nuevo puntaje máximo!

(Jen mira a Rachel con asombro.)

Detente Piensa Escribe

VOCABULARIO

¿Qué es lo que Rachel hace para que Jen la mire con asombro?

_____

_____

_____

Escena III

Escenario: Afuera del simulador de vuelos espaciales.

Jen: *(en voz alta, para que la escuchen sus compañeros, que las están vitoreando)* Rachel, ¿cómo supiste dónde teníamos que recargar combustible? ¡Yo no podía entender el mensaje!

Rachel: *(en voz alta)* ¡Paso tanto tiempo de mi vida escuchando, que supe lo que decía el mensaje!

Jen: Lamento haber dudado de ti, Rachel. Nunca habría sabido dónde recargar combustible sin tu extraordinario oído.

Rachel: No lo podría haber logrado sin ti.

Jen: Campamento Espacial, ¡allí vamos!

(Se desvanecen las luces.)

Detente   Piensa   Escribe

TEMA

¿Cómo cambian los sentimientos de Jen sobre Rachel y sus capacidades al final de la obra?

_____

_____

_____

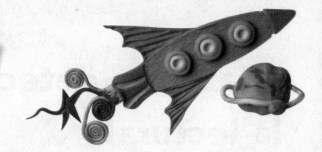

1 ¿Por qué Jen se decepciona cuando se entera de que Rachel es su compañera?

_____

_____

_____

Pista

Busca pistas en la página 55.

2 En la Escena II, ¿Phil se encuentra dentro de la cabina con Rachel y Jen? ¿Cómo lo sabes?

_____

_____

Pista

Busca pistas en la página 58.

3 ¿Cuál es la parte más emocionante de la obra?

_____

_____

_____

Pista

Piensa en lo que ocurre en las páginas 58 y 59.

4 ¿Cómo te das cuenta de que el oído de Rachel es <u>extraordinario?</u>

_____

_____

_____

Pista

Busca pistas en las páginas 59 y 60.

¡Hazte un detective de la lectura!

Vuelve a

INVASIÓN de MARTE
una radionovela de Howard Koch
ilustrada por JT Morrow

"Invasión de Marte"
Libro del estudiante,
págs. 175–185

1 **¿Por qué el Sr. Wilmuth es un personaje importante del cuento?**

☐ Ve el aterrizaje del cilindro.

☐ Es el periodista.

☐ Escucha la radio.

¡Pruébalo! ¿Qué evidencia de la obra de teatro apoya tu respuesta? Marca las casillas. ✔ Toma notas.

Evidencia	Notas
☐ lo que dice el periodista	
☐ lo que dice el Sr. Wilmuth	
☐ las ilustraciones	

¡Escríbelo!

ESTRUCTURA DEL CUENTO

Responde a la pregunta 1 usando evidencia del texto.

_____

_____

_____

_____

_____

_____

_____

2 ¿Crees que el Sr. Phillips es un buen periodista?

☐ sí ☐ no

☐ No hay suficiente evidencia.

☐ otro ____________________

¡Pruébalo! ¿Qué evidencia de la obra apoya tu respuesta?

Marca las casillas. ☑ Toma notas.

Evidencia	Notas
☐ cómo le habla el Sr. Phillips a los otros personajes	
☐ cómo le habla el Sr. Phillips a los que escuchan la radio	
☐ las ilustraciones	

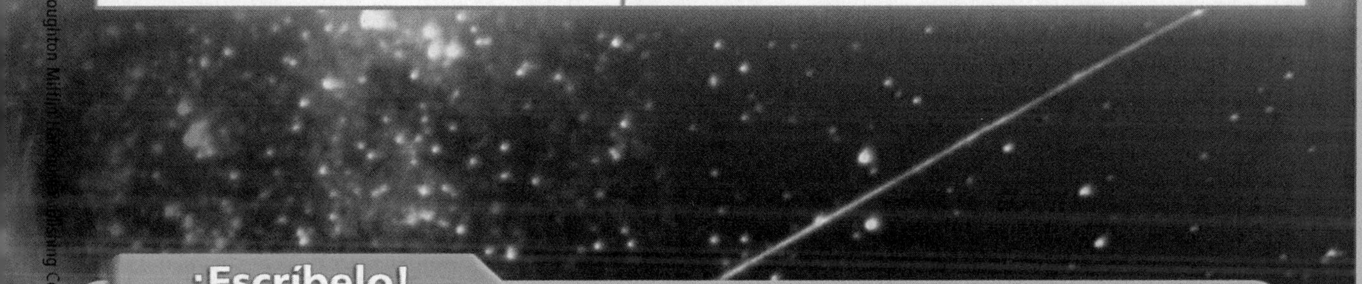

¡Escríbelo!

COMPRENDER A LOS PERSONAJES

Responde a la pregunta 2 usando evidencia del texto.

____

____

____

____

____

____

____

✓ **VOCABULARIO CLAVE**

ángulo
centrarse
emocionante
entretenido
tener en mente

Hacer películas

1 Para hacer películas **entretenidas** hace falta un gran equipo. En primer lugar, el equipo tiene que tener una historia sobre algo interesante para que mucha gente quiera ir a verla.

¿Cuál es la película más <u>entretenida</u> que hayas visto jamás?

_____

2 Los productores consiguen el dinero para hacer la película. También **tienen en mente** la fecha para estrenar la película. Tal vez se proyecte por primera vez en un día festivo, ya que esos días hay mayor asistencia a los cines.

Menciona algo que <u>tienen en mente</u> hacer tus padres este verano.

_____

_____

_____

3 Los directores deciden lo que quieren resaltar en la película. A veces deciden **centrarse** en emocionantes escenas de acción. Otras veces destacan el crecimiento y los cambios en las personas.

¿En qué se centran los estudiantes cuando están en clase?

_____

_____

4 A veces, para alguna escena **emocionante** de una película de acción se emplea a un doble. De esa forma, las estrellas evitan hacerse daño o correr algún tipo de peligro.

¿Qué palabra es un sinónimo de emocionante?

_____

5 A veces, una escena se puede grabar desde muchos **ángulos**, o puntos de vista. Al final, el director elige las mejores tomas para la película.

Describe un objeto del salón de clases desde dos ángulos diferentes.

_____

_____

_____

Datos de película

por Shirley Granahan

¿Alguna vez te has preguntado cómo se hacen las películas? Yo sí. Por eso, el verano pasado, decidí averiguarlo.

El director Diego Gamba se encontraba en la ciudad. Estaba grabando su próxima película, titulada *Vacaciones en casa*. Durante el rodaje tuve la oportunidad de hablar con Diego.

Detente   Piensa   Escribe   IDEA PRINCIPAL Y DETALLES

¿Dónde conoció la autora a Diego Gamba?

_____

_____

_____

—¿De dónde sacas las ideas para tus películas? —le pregunté—. Siempre son muy **entretenidas**.

—Leo muchos cuentos —contestó Diego—. En primer lugar, **tengo en mente** a la audiencia. Decido si quiero hacer una película para niños, para familias, para adolescentes o adultos. Luego, escojo un relato que creo que gustará. A continuación, determino cómo le contaré la historia a la audiencia que he elegido.

Detente Piensa Escribe

HECHOS Y OPINIÓNES

La autora dice que las películas de Diego son <u>entretenidas</u>.
¿Eso es un hecho o una opinión?

_____

_____

_____

Diego dice que los directores deben **centrarse** en una escena a la vez. Dice que tienen que determinar cómo debe verse cada parte de la historia en la película.

—Primero, divido cada parte del relato en pequeños fragmentos —cuenta Diego—. A continuación, escribo un guión gráfico, donde se muestra paso a paso cómo debe verse cada parte. Luego pienso en la forma de filmar cada una de las partes.

Detente Piensa Escribe

IDEA PRINCIPAL Y DETALLES

¿Por qué hacen los directores guiones gráficos?

Los directores también deciden dónde filman la película. Pueden rodar en exteriores, en sitios reales, en un estudio de grabación o dentro de edificios. Luego se añaden dibujos o lugares hechos por computadora. De esa forma, podemos ver una escena **emocionante** en la cima de una montaña. La cima puede ser un lugar real o de magia fílmica.

Detente Piensa Escribe

VOCABULARIO

Menciona alguna cosa que crees que sería <u>emocionante</u>. Escribe por qué.

_____

_____

_____

También conocí a Sara, la directora de fotografía.

—¿En qué consiste tu trabajo? —le pregunté.

—Me encargo de las cámaras y de la iluminación —contestó Sara—. Tengo la responsabilidad de filmar la mejor escena posible. Y por eso filmo desde distintos **ángulos**, es decir, desde distintos lugares del escenario. Tengo que asegurarme de que la iluminación sea la más adecuada. Esto ayuda a crear sensaciones y el ambiente de la película.

Detente Piensa Escribe

VOCABULARIO

¿Por qué Sara usa la cámara desde distintos <u>ángulos</u>?

_____

_____

_____

—Escogemos a los mejores actores para el relato —añadió Diego—. Llegan temprano al estudio de grabación, se visten de acuerdo al vestuario y se maquillan. Luego ensayamos la escena antes de grabarla.

—Las escenas de las películas son breves, pero para conseguir la mejor a veces tenemos que filmar muchas veces —prosiguió Sara—. En un buen día, tal vez rodemos sólo unas tres páginas del guión.

Detente · Piensa · Escribe

CAUSA Y EFECTO

¿Por qué llegan temprano los actores al lugar de grabación?

_____

_____

_____

—Una vez que hemos grabado todas las escenas, editamos —añadió Diego—. Eso significa que juntamos las mejores tomas de cada escena en el orden correcto. A eso le añadimos efectos sonoros y música. Y, por fin, ¡ya tenemos la película! Entonces la estrenamos y esperamos que a la gente le guste.

Bien, pues ya sé cómo se hacen las películas. ¡Seguro que la nueva película de Diego tendrá un gran éxito!

Detente Piensa Escribe

RESUMIR

¿Qué significa editar una película?

_____

_____

_____

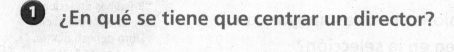

Vuelve a leer y responde

1 ¿En qué se tiene que centrar un director?

_____

_____

_____

Pista

Busca pistas en la página 66.

2 ¿Qué hace el director de fotografía?

_____

_____

_____

Pista

Busca pistas en la página 68.

3 ¿Por qué se graban tan pocas páginas del guión al día?

_____

_____

_____

Pista

Busca pistas en la página 69.

4 ¿Qué oración de la página 70 es una opinión?

_____

_____

_____

Pista

Piensa en lo que es una opinión.

¡Hazte un detective de la lectura!

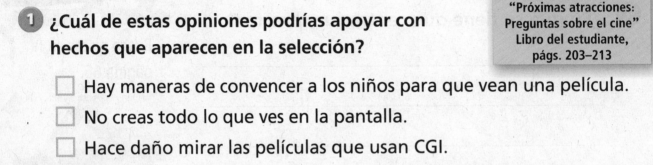

Vuelve a Próximas atracciones: Preguntas sobre cine

por Frank W. Baker Fact Finders

"Próximas atracciones: Preguntas sobre el cine"
Libro del estudiante,
págs. 203–213

1 **¿Cuál de estas opiniones podrías apoyar con hechos que aparecen en la selección?**

- ☐ Hay maneras de convencer a los niños para que vean una película.
- ☐ No creas todo lo que ves en la pantalla.
- ☐ Hace daño mirar las películas que usan CGI.

¡Pruébalo! ¿Qué evidencia de la selección apoya tu respuesta?
Marca las casillas. ✓ Toma notas.

Evidencia	Notas
☐ detalles del texto	
☐ pistas en los encabezados y leyendas	
☐ las fotografías	

¡Escríbelo!

HECHO Y OPINIÓN

Responde a la pregunta **1** usando evidencia del texto.

_____

_____

_____

_____

_____

_____

2 ¿Cuál fue el propósito del autor al escribir esta selección?

- ☐ simplemente presentar hechos y dar información
- ☐ persuadir a las personas presentando hechos y dando ejemplos
- ☐ contar una historia inventada entretenida
- ☐ otro _____

¡Pruébalo! ¿Qué evidencia de la selección apoya tu respuesta?
Marca las casillas. ☑ Toma notas.

Evidencia	Notas
☐ detalles sobre la filmación de una película	
☐ el consejo del autor al final de la selección	
☐ las fotografías	
☐	

¡Escríbelo!

PROPÓSITO DEL AUTOR

Responde a la pregunta **2** usando evidencia del texto.

_____

_____

_____

_____

_____

_____

echarse a perder
espléndido
estudio
horario
preocuparse

Murales

Un mural es una pintura hecha en una pared. A lo largo de la historia se han pintado muchos **espléndidos** murales. Todavía hoy se conservan algunos pintados hace mucho tiempo. Uno de ellos está en Roma, en el techo de la Capilla Sixtina.

A veces, el artista **se preocupa** por la apariencia y el estado de su comunidad. Quiere alegrar el vecindario, y una manera de hacerlo es pintando murales.

Cuando el artista crea un mural, la ciudad se convierte en su **estudio**. Los parques o los edificios son su lienzo. Se puede tardar mucho en hacer un mural. Por eso, el artista establece un **horario** para asegurarse de que va a terminar el proyecto.

Los murales al aire libre se deben pintar en días despejados y con sol. De lo contrario, si empieza a llover antes de que la pintura se haya secado, el mural puede **echarse a perder**.

1 El artista que pinta murales puede hacer

de la ciudad su _____.

2 Esos artistas suelen _____ por

la apariencia y el estado de su comunidad.

3 El mural al aire libre puede

_____ si llueve antes de estar

seco.

4 El artista tiene que establecer un

_____ cuando trabaja en un

proyecto.

5 En el techo de la Capilla Sixtina hay un

_____ mural.

6 ¿Cuál es tu <u>horario</u> de los lunes?

_____

_____

_____

7 ¿Alguna vez viste como <u>se había echado a</u>

<u>perder</u> el proyecto de alguien? Explica tu

respuesta.

_____

_____

_____

Verano en la ciudad

por Cate Foley

De nuevo había llegado ese tiempo **espléndido** del año. ¡Era verano por fin! Generalmente, Joy no veía la hora de que empezara el verano. Le encantaba pasar los interminables días en la playa, navegando y nadando. Los veranos también suponían la visita de su prima Celia. Celia iba a visitarla todos los años desde la ciudad. Pero este año, el **horario** de verano de Joy iba a ser muy diferente.

Detente **Piensa** **Escribe**

VOCABULARIO

¿Qué actividades por lo general forman parte del <u>horario</u> de Joy en verano?

_____

_____

_____

74

Durante este verano no habría playa para Joy. Iba a pasar el tiempo en la ciudad con Celia. ¿Y qué haría allí? ¿Cómo iba a divertirse allí sin playa? El verano de Joy **se había echado a perder,** ella lo sabía.

Trató de convencer a su mamá de que era muy mala idea. Pero su mamá le aseguró que lo pasaría muy bien.

Detente   Piensa   Escribe

VOCABULARIO

¿Por qué pensaba Joy que su verano <u>se había echado a perder</u>?

_____

_____

_____

Joy llegó a la ciudad y desempacó sus cosas. Las muchachas salieron y se sentaron frente al edificio de Celia.

—¿Qué es lo que hacen aquí, nada más que sentarse delante del edificio todos los días? —preguntó Joy.

—Me gusta sentarme afuera. Observar y mirar a la gente es divertido —contestó Celia.

A Joy no le parecía divertido estar sentada afuera sin más.

—En mi casa podemos nadar y navegar —dijo.

—En la ciudad también nos divertimos. Pero hacemos cosas distintas —respondió Celia—. Tienes que acostumbrarte a las cosas de aquí, al ambiente. De esa forma, tal vez te guste la ciudad.

Joy no podía dejar de **preocuparse**. Le parecía que el verano iba a resultarle interminable.

Detente Piensa Escribe

COMPRENDER A LOS PERSONAJES

¿Te parece divertido mirar a la gente? Explica tu respuesta.

_____

_____

_____

Al día siguiente, Celia llevó a Joy al Centro Juvenil. Celia se alegraba de poder mostrarle a Joy el **estudio** de arte. Quería que Joy disfrutase de todas las actividades divertidas que se hacían allí.

La Srta. Howard era la directora del grupo. Les relató a los niños diversos cuentos sobre importantes figuras afroamericanas. Luego, pidió a cada niño que hiciera un cartel de su persona favorita. Joy empezó a sonreír. Quizás esta clase de arte no iba a resultar tan aburrida.

Detente Piensa Escribe

COMPRENDER A LOS PERSONAJES

¿Por qué crees que Celia se alegra por Joy?

_____

_____

_____

Joy y Celia pasaron toda la semana sin despegarse de varios libros sobre famosos afroamericanos. Aprendieron sobre Frederick Douglass, que luchó contra la esclavitud. Leyeron sobre músicos como Duke Ellington. Descubrieron a la escritora Toni Morrison. Joy y Celia eligieron a una persona para hacer sus respectivos carteles. Joy estaba ansiosa por empezar a hacer el suyo.

Las muchachas regresaron al centro la semana siguiente. Cuando llegaron, se quedaron boquiabiertas. No podían creer lo que veían.

Detente   Piensa   Escribe

ACLARAR

¿Qué quiere decir la autora cuando dice que Joy y Celia no se despegaban de los libros sobre famosos afroamericanos?

_____

_____

_____

Enfrente del centro, había una muchedumbre.

—¿Qué es lo que pasa? —preguntó Celia.

—¡Alguien ha manchado todas las paredes! —contestó la Srta. Howard.

—¡Eso es terrible! —dijo Celia—. ¿Qué podemos hacer?

—Podríamos pintar las paredes —sugirió alguien.

—Y después las mancharán otra vez —dijo la Srta. Howard.

—Tengo una idea —dijo Joy—. Podríamos pintar un mural con célebres afroamericanos. Será difícil que manchen las paredes si en ellas hay un mural.

Detente Piensa Escribe

CONCLUSIONES Y GENERALIZACIONES

¿Qué crees que pensaba la comunidad cuando vio lo que había ocurrido en el Centro Juvenil?

_____

_____

_____

A todos les gustó la idea. Así que eligieron a quiénes iban a pintar y en qué lugar los pintarían. Luego, hicieron bocetos en las paredes. Por último, pintaron el mural. Joy y Celia se sentían muy orgullosas haciendo el trabajo.

Cuando terminaron, el Centro Juvenil tenía incluso mejor aspecto que antes. Celia y Joy se abrazaron, pero entonces apareció un gesto de tristeza en la cara de Joy.

—En dos días me marcho. No puedo creer lo rápido que ha pasado el verano. ¡No sabes las ganas que tengo de volver el verano próximo!

Detente **Piensa** **Escribe**

COMPRENDER A LOS PERSONAJES

¿Por qué se siente Joy triste después de pintar el mural?

Vuelve a leer y responde

1 ¿Por qué le preocupa a Joy pasar el verano con Celia?

Pista

Busca pistas en las páginas 75 y 76.

_____

_____

_____

2 ¿Qué diferencia hay entre pasar el verano en la playa y pasarlo en la ciudad?

Pista

Busca pistas en las páginas 75 y 76.

_____

_____

_____

3 ¿Cómo describirías a Joy?

Pista

Piensa en lo que hace y dice Joy.

_____

_____

4 ¿Crees que a la gente del Centro Juvenil le gustaría que Joy volviese de visita el verano próximo? Explica tu respuesta.

Pista

Puedes encontrar pistas en las páginas 79 y 80.

_____

_____

_____

¡Hazte un detective de la lectura!

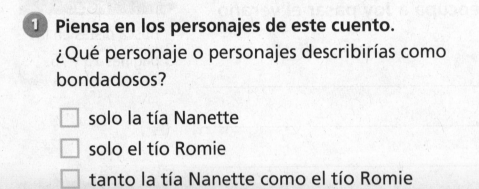

Vuelve a

"Mi tío Romie y yo"
Libro del estudiante,
págs. 231–243

1 **Piensa en los personajes de este cuento.**
¿Qué personaje o personajes describirías como bondadosos?

- ☐ solo la tía Nanette
- ☐ solo el tío Romie
- ☐ tanto la tía Nanette como el tío Romie

¡Pruébalo! ¿Qué evidencia del cuento apoya tu respuesta?
Marca las casillas. ✓ Toma notas.

Evidencia	Notas
☐ lo que la tía Nanette dice y hace	
☐ lo que el tío Romie dice y hace	
☐ lo que James piensa, dice y hace	
☐ las ilustraciones	

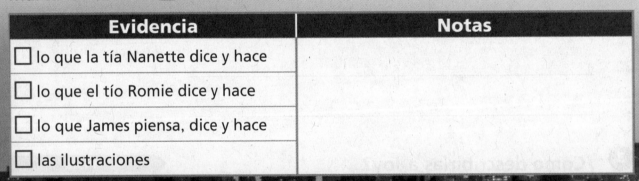

¡Escríbelo!

COMPRENDER A LOS PERSONAJES

Responde a la pregunta 1 **usando evidencia del texto.**

_____

_____

_____

_____

_____

2 **¿Por qué Harlem es importante para los personajes?**

Elige una o más respuestas.

☐ Es nuevo y emocionante para James.

☐ Es una parte importante del arte del tío Romie.

☐ El entorno no es muy importante.

☐ otras _____

¡Pruébalo! ¿Qué evidencia del cuento apoya tu respuesta?
Marca las casillas. ☑ Toma notas.

Evidencia	Notas
☐ lo que piensa, dice y hace James	
☐ lo que otros personajes dicen y hacen	
☐ las ilustraciones	

¡Escríbelo!

ESTRUCTURA DEL CUENTO

Responde a la pregunta 2 usando evidencia del texto.

_____

_____

_____

_____

_____

_____

_____

✓ VOCABULARIO CLAVE

disculparse
insistir
resbaloso
sacar
sincero

Serpientes como mascotas

Elegir una mascota no es fácil. Debes elegir el tipo de animal que más se ajuste a tus gustos y circunstancias. El dueño de la tienda de mascotas de mi barrio suele **1** _____ en que hay un tipo de mascota para cada uno.

Para algunas personas, las serpientes son las mascotas perfectas. No comen a menudo y requieren muy poco cuidado. Mucha gente piensa que el cuerpo de las serpientes es muy **2** _____, pero no es así.

Primero te tienes que asegurar de que la jaula de la serpiente está completamente cerrada. De lo contrario, te puede pasar como a un amigo mío, que tuvo que

3 _____ con sus padres. Créeme cuando te digo que no les gustó nada tener una serpiente suelta por la casa.

Las serpientes son animales de sangre fría. Por eso, para mantener la temperatura corporal, necesitan

4 _____ calor de una fuente externa. Para ello, debes colocar la jaula cerca de una ventana soleada o de un radiador. También puedes comprar una lámpara de calor para mascotas.

Algunas serpientes son venenosas, por lo que debes asegurarte de no comprar una de ellas. Si el dueño de una tienda de mascotas te dice que las víboras o las víboras de cascabel son seguras, significa que no está siendo

5 _____.

A la caza de serpientes

por Carol Alexander

La clase del Sr. Brown tenía una nueva mascota.
El lunes, el Sr. Brown trajo una serpiente en una
caja. Se trataba de una pequeña serpiente rayada.

—Esta pequeña es una serpiente Jarretera
—explicó el maestro a la clase—. No es venenosa.
Echémosle un vistazo más de cerca.

Kai quería tocarla, pero Rita no.

—La serpiente, ¿es **resbalosa**? —preguntó Rita.

Detente Piensa Escribe

CONCLUSIONES Y GENERALIZACIONES

¿Qué piensa Rita sobre las serpientes? Explica tu respuesta.

_____

_____

_____

—No, la verdad es que no. ¿Te gustaría tocarla?
—preguntó el Sr. Brown.

Rita alargó lentamente la mano.

—¡Oh, se siente suave y fría! —dijo riendo—.
Debo **disculparme** con usted, Sra. Serpiente
—continuó Rita—. En realidad es usted muy bonita.

Al día siguiente, todos los estudiantes querían
ver la serpiente de nuevo. Sin embargo, ya no estaba
en el terrario, y la pantalla que cubría la parte
superior de la pecera ¡estaba abierta!

Detente   Piensa   Escribe

VOCABULARIO

¿Por qué se disculpa Rita con la serpiente Jarretera?

_____

_____

_____

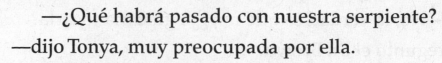

—¿Qué habrá pasado con nuestra serpiente? —dijo Tonya, muy preocupada por ella.

—¿Alguno de ustedes se la llevó? —preguntó Vic.

—Seguramente se salió del terrario —dijo el Sr. Brown negando con la cabeza—. La tapa ha sido movida. Por favor, no le cuenten a nadie que se nos ha escapado el reptil. No queremos que nadie se asuste.

Justo en ese momento, Maggie pasaba por afuera de la clase.

—¡Bestia salvaje! —dijo en voz alta—. ¡En el pasillo, una bestia afuera!

James pensó haber oído la palabra "pantera".

—¡Hay una pantera suelta! ¡Eso es un felino salvaje muy peligroso! —gritaba James mientras corría por el pasillo.

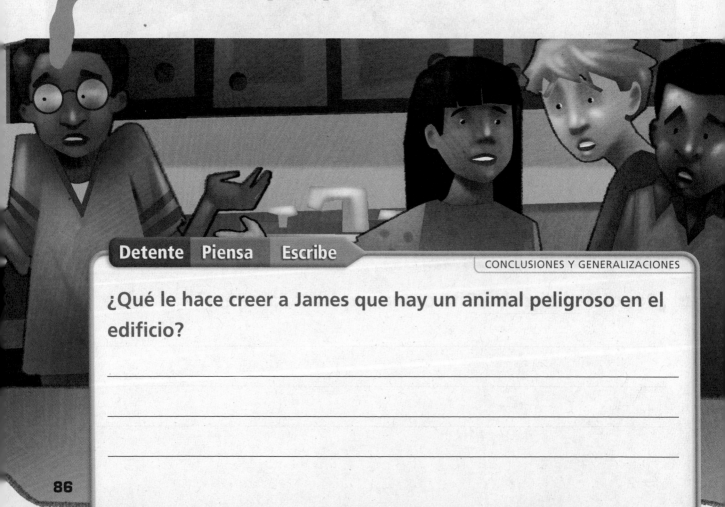

Detente Piensa Escribe

CONCLUSIONES Y GENERALIZACIONES

¿Qué le hace creer a James que hay un animal peligroso en el edificio?

_____

_____

_____

Alex pensó que James decía "cascabelera".

—¡Ay, las víboras de cascabel son muy peligrosas, incluso mortíferas!

Mientras tanto, la clase del Sr. Brown seguía buscando la serpiente Jarretera. Kai y Vic miraron dentro del armario. Rita y Tonya buscaron entre las plantas de la ventana. ¿Dónde podría estar la serpiente?

—Es un verdadero misterio —dijo el Sr. Brown rascándose la cabeza—. Cuando encontremos a la serpiente, la meteremos de nuevo en el terrario y nos aseguraremos de que no se pueda escapar. Es una promesa sincera.

Alguien llamó con fuerza a la puerta. De pronto se abalanzaron un montón de estudiantes dentro del salón.

Detente Piensa Escribe

VOCABULARIO

¿Por qué quiere el Sr. Brown que la clase sepa que su promesa es <u>sincera</u>?

_____

_____

_____

—¡Hemos oído eso de la pantera! —gritó James.

—¡Dicen que han dejado escapar una serpiente de cascabel! —exclamó Alex.

—¿De dónde demonios **sacaron** eso? —preguntó el Sr. Brown sorprendido. Luego, **insistió** en que mantuviesen la calma.

El resto de la clase se arremolinó alrededor de la mesa del maestro, y en ese momento Vic señaló hacia el techo. —Parece que al final no miramos en todas partes —dijo.

Detente   Piensa   Escribe

¿Qué crees que ven los estudiantes y el Sr. Brown?

_____

_____

_____

Y ahí estaba la serpiente Jarretera, enrollada encima del estante.

—Pues a mí no me parece tan peligrosa —dijo Maggie—. ¿Están seguros de que es una cascabel?

—Es una serpiente Jarretera —dijo el Sr. Brown—. Es completamente inofensiva.

—Entonces no es una pantera —dijo James suspirando. Incluso sonaba decepcionado.

El Sr. Brown consiguió una escalera y, con cuidado, bajó a la serpiente del estante.

—El calor asciende —explicó el Sr. Brown—. Es posible que nuestra mascota buscase un lugar cómodo y cálido.

—¡Qué día! —exclamó Kai—. Perdimos una pantera y una cascabel, pero encontramos una serpiente Jarretera.

Detente   Piensa   Escribe

CONCLUSIONES Y GENERALIZACIONES

¿En qué lugar crees que les gusta estar a las serpientes, en uno cálido o fresco? ¿Qué te hace pensar eso?

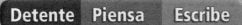

_____

_____

_____

¿Cómo se desplazan las serpientes?

Las serpientes tienen unos músculos especiales que las ayudan a desplazarse. Estos músculos están unidos a sus costillas. Las escamas del vientre también les sirven para desplazarse.

La amiga de los granjeros

A algunos granjeros les gustan las serpientes, siempre y cuando no sean venenosas. Las serpientes se alimentan de insectos, ratones y ratas. Sin serpientes en la zona, las ratas y los ratones pueden acabar comiéndose los cultivos de granos y vegetales. Las serpientes Jarreteras son amigas de los granjeros, al igual que la serpiente Ajedrezada y la serpiente Ratonera.

La verdad sobre las serpientes

Hay al menos 2,500 tipos de serpientes. Alrededor de 400 clases son venenosas. Muchas serpientes son completamente inofensivas para las personas. En los Estados Unidos solo hay cuatro tipos de serpientes venenosas. Son las víboras de cascabel, la serpiente Cabeza de cobre, los mocasines de agua y la serpiente coral.

Detente **Piensa** **Escribe**

CONCLUSIONES Y GENERALIZACIONES

La serpiente Cabeza de cobre, ¿crees que es amiga de los granjeros? Explica tu respuesta.

_____

_____

_____

Vuelve a leer y responde

1 ¿Por qué crees que el Sr. Brown quiere que Rita toque a la serpiente Jarretera?

_____

_____

_____

Pista

Busca pistas en la página 85.

2 ¿Cómo se escapa la serpiente?

_____

_____

_____

Pista

Busca pistas en la página 86.

3 ¿Qué podría haber pasado si los rumores hubieran seguido extendiéndose por la escuela?

_____

_____

_____

Pista

Busca pistas en las páginas 86, 87 y 88.

4 La mayoría de las serpientes no son peligrosas. ¿Estás de acuerdo o en desacuerdo? Explica tu respuesta.

_____

_____

_____

Pista

Busca pistas en la página 90.

¡Hazte un detective de la lectura!

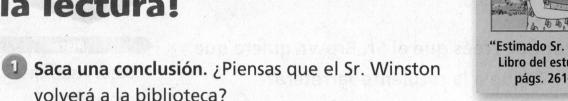

Vuelve a

"Estimado Sr. Winston"
Libro del estudiante,
págs. 261–271

1. **Saca una conclusión.** ¿Piensas que el Sr. Winston volverá a la biblioteca?

   ☐ sí   ☐ no   ☐ difícil saberlo

¡Pruébalo! ¿Qué evidencia del cuento apoya tu respuesta?
Marca las casillas. ☑   Toma notas.

Evidencia	Notas
☐ lo que el Sr. Winston siente acerca de las serpientes	
☐ las palabras y acciones del Sr. Winston	
☐ las ilustraciones	
☐ el ambiente	
☐	

¡Escríbelo!

CONCLUSIONES Y GENERALIZACIONES

Responde a la pregunta 1 usando evidencia del texto.

_____

_____

_____

_____

_____

_____

2 **La historia se cuenta desde el punto de vista de Clara.** ¿Qué es lo que más le preocupa?

☐ el Sr. Winston ☐ su serpiente ☐ un libro

☐ otras _____

¡Pruébalo! ¿Qué evidencia del cuento apoya tu respuesta? Marca las casillas. ☑ Toma notas.

Evidencia	Notas
☐ las ilustraciones	
☐ las palabras y acciones de Clara	
☐ las acciones del Sr. Winston	
☐	

¡Escríbelo!

PUNTO DE VISTA

Responde a la pregunta 2 usando evidencia del texto.

_____

_____

_____

_____

_____

_____

91B

debut
desanimar
gira
permiso
triunfo

El ballet

1 Para ser una buena bailarina de ballet, las aspirantes tienen que estudiar y ensayar durante muchos años. Tienen que empezar a aprender a una edad muy temprana y necesitan el **permiso** de sus padres para ir a una escuela de ballet.

¿Para asistir a qué clase o practicar qué deporte tienes permiso?

_____

2 Si la estudiante no **se desanima** antes por la cantidad de trabajo, al finalizar la escuela puede apuntarse a un taller de ballet. A las mejores bailarinas se las invita a participar en una compañía de danza. ¡Aquí comienzan su carrera como bailarinas!

Menciona algún trabajo muy exigente que hayas hecho alguna vez. ¿Te desanimaste en algún momento?

_____

_____

3 La primera interpretación profesional de una bailarina se llama **debut**. La manera como baila en su debut es importante, ya que muestra al mundo lo que es capaz de hacer.

¿Qué tipo de debut pueden tener los actores?

_____

_____

_____

4 El Ballet Russe fue una famosa compañía de ballet. Fue formado en París por bailarines rusos. La compañía hizo **giras** por todo el mundo.

¿Qué palabra es un sinónimo de giras?

_____

5 La compañía obtuvo un **triunfo** tras otro en Europa. Dos de sus bailarines más famosos fueron Vaslav Nijinski y George Balanchine.

Menciona algún triunfo que haya conseguido tu equipo favorito de béisbol, fútbol u otro deporte.

_____

_____

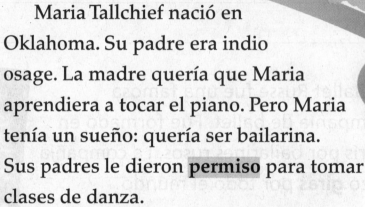

Maria Tallchief:

Una vida danzando

por Carol Alexander

Maria Tallchief nació en Oklahoma. Su padre era indio osage. La madre quería que Maria aprendiera a tocar el piano. Pero Maria tenía un sueño: quería ser bailarina. Sus padres le dieron **permiso** para tomar clases de danza.

Los padres de Maria se dieron cuenta de que ella se tomaba la danza muy en serio, pero en la ciudad donde vivían no había muchas escuelas de danza. Así que la familia se mudó a California, donde encontraron buenos maestros.

Detente Piensa Escribe

CAUSA Y EFECTO

¿Por qué se mudó a California la familia de Maria?

_____

_____

_____

Detrás del sueño

La Sra. Nijinska era una gran bailarina, y aceptó enseñarle danza a Maria, que tenía solo doce años. Maria trabajó mucho durante varios años, y como tenía un gran talento, su maestra supo que llegaría muy lejos.

Cuando Maria terminó la escuela, se mudó a la ciudad de Nueva York. Una vez allí, ingresó en una compañía de danza con la que tuvo su **debut**. La gente comenzó a saber quién era. Su sueño se estaba haciendo realidad.

Detente Piensa Escribe

VOCABULARIO

¿Qué tenía que hacer Maria antes de tener su <u>debut</u> como bailarina?

_____

_____

_____

Un camino difícil

No todo el mundo creía en Maria. Esto la
había desanimado. Sin embargo, continuó trabajando.
Sabía que el camino podía ser difícil, pero tenía claro
que la danza era lo más importante en su vida.

Un día, su compañía contrató a un nuevo director.
Su nombre era George Balanchine. George sabía
que Maria era una gran bailarina, así que le dio
importantes papeles en sus *ballets*. Incluso creó obras
especialmente para ella. La gente acudía a los teatros
para ver a esta talentosa bailarina. Maria se ganó el
apoyo de muchos aficionados.

Detente Piensa Escribe

VOCABULARIO

¿Por qué crees que Maria <u>se había desanimado</u>?

_____

_____

_____

Una vida de danza

Maria hizo varias **giras** por muchas ciudades del mundo. Se unió al Ballet Society, la nueva compañía de Balanchine, donde pasó a ser la bailarina principal. ¡Ahora sí que era una verdadera estrella!

Maria podía expresar sentimientos en cada movimiento, y conseguía que los movimientos más difíciles pareciesen sencillos. Sus admiradores la aclamaban cada vez que la veían bailar.

Más adelante, Maria formó su propia compañía. La dirigía y bailaba en ella al mismo tiempo. También ayudaba a formar nuevos bailarines. La compañía tuvo éxito, y Maria se sentía muy orgullosa de ella.

Detente   Piensa   Escribe

INFERIR Y PREDECIR

¿Por qué querría Maria formar su propia compañía?

_____

_____

_____

Una vida de éxito

Maria dejó de bailar profesionalmente con el paso del tiempo, aunque continuó enseñando. Quería mantenerse activa en el mundo de la danza. Además, era una excelente maestra. Había logrado el **triunfo** como bailarina principal y ahora iba a formar nuevas estrellas. El mundo de la danza no se olvidó de ella. Maria siguió obteniendo muchos galardones por todo su trabajo.

Detente   Piensa   Escribe

CAUSA Y EFECTO

¿Por qué enseñaba danza Maria?

_____

_____

_____

Sus propios pasos

Maria Tallchief vivió una vida al servicio de la danza. Fue una pionera para otros bailarines estadounidenses, y se sentía muy orgullosa de ello. La danza fue muy importante para ella.

¿Por qué Maria Tallchief es una figura tan especial? Una vez dijo: "Una bailarina toma los pasos que se le enseñan y los hace propios, los pasos que da ya son suyos". Y eso es justo lo que hizo.

Detente Piensa Escribe

PROPÓSITO DE LA AUTORA

¿Por qué crees que la autora emplea las propias palabras de Maria?

_____

_____

_____

99

Más sobre ballet

El *ballet* es un tipo de danza. Esta forma de baile comenzó hace más de 400 años. El *ballet* puede contar una historia. Algunos *ballets* muestran sentimientos o emociones.

Una carrera en la danza

Maria Tallchief bailó en el Ballet Russe durante cinco años. Fue miembro del Ballet de la Ciudad de Nueva York durante 18 años. El Ballet de la Ciudad de Nueva York anteriormente se llamaba el Ballet Society.

George Balanchine

Balanchine nació en Rusia en 1904. Se hizo famoso por la creación de grandes *ballets*. Se mudó a los Estados Unidos y, en este país, revolucionó el mundo de la danza.

Detente   Piensa   Escribe

TEMA

¿Cómo te ayudan estos hechos a comprender mejor la vida de Maria Tallchief en la danza?

_____

_____

_____

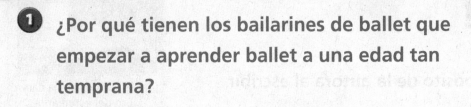

Vuelve a leer y responde

1 ¿Por qué tienen los bailarines de ballet que empezar a aprender ballet a una edad tan temprana?

_____

_____

_____

Pista

Piensa en cómo Maria alcanzó el éxito.

2 ¿Cuál crees que fue el mayor triunfo de Maria Tallchief? Explica tu respuesta.

_____

_____

_____

Pista

Busca pistas en las páginas 97 y 98.

3 ¿Cuál fue el propósito de la autora al escribir este texto?

_____

_____

_____

Pista

Piensa en los propósitos que tiene la autora para escribir.

4 Escribe sobre alguien que conozcas que haya trabajado duro en algo.

_____

_____

_____

Pista

Piensa en gente que ha tenido determinación para alcanzar sus metas.

¡Hazte un detective de la lectura!

Vuelve a

"¡ José! Nacido para la danza"
Libro del estudiante,
págs. 289–299

1 ¿Cuál fue el propósito de la autora al escribir esta selección?

☐ dar información sobre José Limón

☐ contar historias divertidas sobre Limón

☐ persuadir a los lectores de que Limón fue un gran pintor

¡Pruébalo! ¿Qué evidencia de la selección apoya tu respuesta?

Marca las casillas. ☑ Toma notas.

Evidencia	Notas
☐ detalles sobre la niñez de Limón	
☐ detalles sobre su vida en Nueva York	
☐ detalles sobre su baile	
☐ detalles sobre sus pinturas	

¡Escríbelo!

PROPÓSITO DE LA AUTORA

Responde a la pregunta **1** usando evidencia del texto.

_____

_____

_____

_____

_____

_____

2 ¿Qué hizo que José Limón se hiciera bailarín?

- ☐ Desde su niñez quiso ser bailarín.
- ☐ Vio un espectáculo de danza.
- ☐ Aprendió a bailar en California.
- ☐ otras _____

¡Pruébalo! ¿Qué evidencia de la selección apoya tu respuesta?
Marca las casillas. ☑ Toma notas.

Evidencia	Notas
☐ los pensamientos y acciones de Limón	
☐ lo que otras personas dijeron e hicieron	
☐ las ilustraciones	
☐	

¡Escríbelo!

CAUSA Y EFECTO

Responde a la pregunta 2 usando evidencia del texto.

_____

_____

_____

_____

_____

_____

_____

experimentar
bramar
rápidamente
fuente
remolino

Peligro de tornados

1 Un tornado es una tormenta de viento. Los **remolinos** alcanzan velocidades de 110 millas por hora. Los vientos violentos dan vueltas y vueltas.

Escribe sobre algo que hayas visto dar vueltas y vueltas como un remolino.

_____

_____

2 Los escombros vuelan **rápidamente** y pueden romper cualquier cosa. Las ramas de los árboles pueden romper ventanas. Incluso los autos pueden volar por el aire.

Nombra dos cosas que se muevan rápidamente.

_____

_____

3 Estar en un tornado es una **experiencia** peligrosa. Si te ocurre, tendrás que buscar refugio en un lugar seguro.

Nombra una experiencia que recuerdes que hayas vivido cuando eras pequeño.

_____

_____

4 Los relámpagos pueden ser una **fuente** de luz que ilumina a los tornados. El sol también puede iluminar los tornados. Los tornados pueden tener distintos colores, desde blanco hasta azul.

Nombra una fuente de luz que haya en tu casa.

_____

_____

5 Los vientos **braman** más fuerte y más rápido a medida que el tornado se vuelve más pequeño. Pueden romper árboles y cercas. Su fuerza es increíble.

¿Por qué las personas van al sótano cuando un tornado comienza a bramar?

_____

_____

Tormentas extrañas

por Jason Powe

En el mundo, los distintos tipos de lugares tienen distintos tipos de tormentas. En los lugares tropicales puede haber huracanes. La parte central de los Estados Unidos se llama "corredor de tornados" por las tormentas de viento salvajes que suele haber en esa zona. ¿Pero que tipo de tormenta es un simún? ¿Cuándo ocurre un simún?

Atrapado en un simún

Simún es el nombre local que se les da a las tormentas de arena que son muy comunes en el desierto del Sahara. Quedar atrapado en un simún es una **experiencia** imposible de olvidar. De repente uno ve que se acerca una nube oscura. **¡Rápidamente!** Uno piensa: "Esa nube está muy baja y es muy oscura". Luego uno comprende: esa nube que gira y se mueve como un **remolino** no es una nube, ¡es un simún!

Detente   Piensa   Escribe

IDEA PRINCIPAL Y DETALLES

¿Qué esperas leer en esta selección? ¿Qué esperas leer en la primera sección?

_____

_____

_____

Durante un simún, la arena y el polvo braman en el viento. El viento se mueve por todos lados como un tornado. Las personas y los animales tienen dificultades para respirar. *Simún* quiere decir "viento envenenado". Cuando hay un simún, hace mucho calor. El único simún que se registró en Estados Unidos alcanzó una temperatura de 133 grados. Eso fue en Goleta y Santa Bárbara, California, en 1859.

Los simunes terminan a los veinte minutos de haber comenzado. Pero todo lo que nos rodea puede haber cambiado. ¡Un simún puede mover una duna de arena entera!

Detente Piensa Escribe

HACER INFERENCIAS

¿Por qué puede ser que nada sea como antes luego de un simún?

_____

_____

_____

¡No de nuevo otra haboob!

Si vives en Jartum, una gran ciudad en África, probablemente hayas visto una haboob. Las haboob son muy comunes durante el verano en las áreas más secas. Cuando la temperatura baja repentinamente, el aire es forzado hacia abajo. La arena o el polvo son empujados hacia el aire y son transportados por el viento en una gran nube. A menudo, las tormentas eléctricas que se avecinan levantan las haboob. Hay otras causas por las cuales las haboob se levantan también.

En Arizona, las haboob son más comunes de mayo a septiembre. Estas tormentas repentinas y peligrosas matan aproximadamente a cinco personas por año allí. Si quedas atrapado en una haboob, no es nada divertido. Encuentra un lugar seguro para esperar a que pase la tormenta.

Detente   Piensa   Escribe

¿Por qué es peligrosa una haboob?

_____

_____

_____

Tormentas negras

Durante la década de 1930, una sequía, o un período muy largo sin lluvia, destruyó muchas tierras de cultivo. Hubo "tormentas negras" que se produjeron en muchas partes de los Estados Unidos. Esas tormentas de polvo oscurecían en cielo, ya que tapaban el sol. Las áreas más arruinadas por las tormentas negras se conocen como el Cuenco de Polvo.

Detente   Piensa   Escribe

CAUSA Y EFECTO

¿Por qué estas tormentas se llaman "tormentas negras"?

_____

_____

_____

El Cuenco de Polvo

Las tormentas de polvo y de arena fueron la **fuente** de graves daños en los cultivos del Cuenco de Polvo. El polvo y los vientos fuertes dañaron las plantas jóvenes. Cuando la tierra está muy seca y suelta, el viento la levanta y la sopla. Sin tierra, un campo donde antes se podía cultivar alimentos se puede convertir en un desierto donde no crecerá nada. Miles de familias tuvieron que abandonar sus granjas en las llanuras estadounidenses.

Detente Piensa Escribe CARACTERÍSTICAS DEL TEXTO Y DE LOS ELEMENTOS GRÁFICOS

¿Qué te dice el título de esta página?

_____

_____

_____

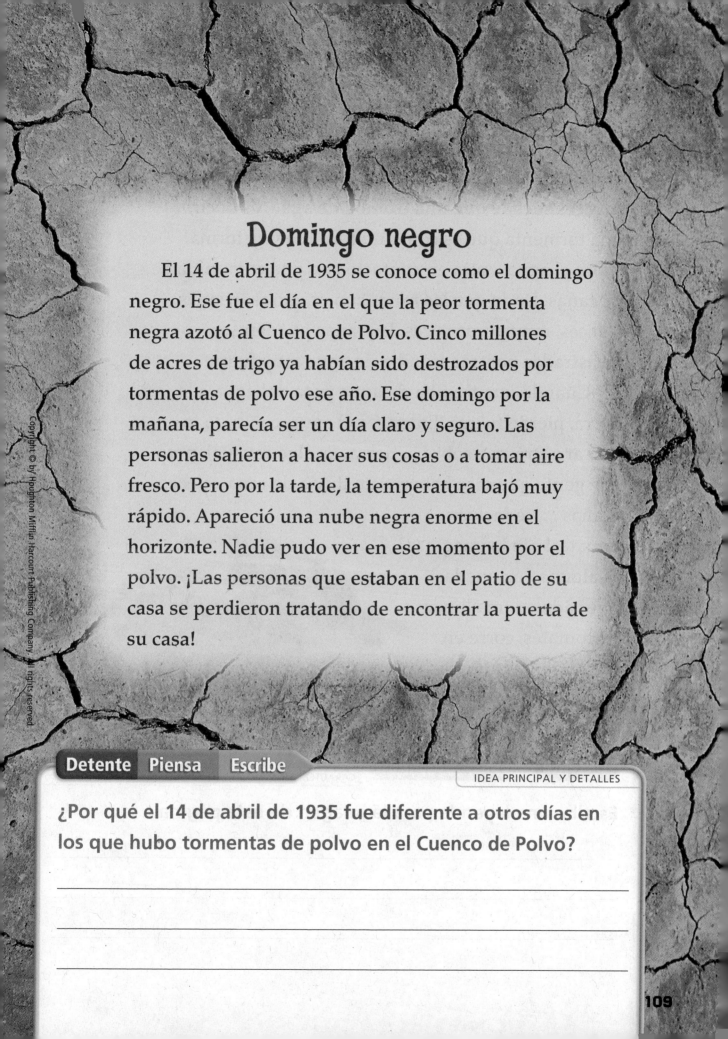

Domingo negro

El 14 de abril de 1935 se conoce como el domingo negro. Ese fue el día en el que la peor tormenta negra azotó al Cuenco de Polvo. Cinco millones de acres de trigo ya habían sido destrozados por tormentas de polvo ese año. Ese domingo por la mañana, parecía ser un día claro y seguro. Las personas salieron a hacer sus cosas o a tomar aire fresco. Pero por la tarde, la temperatura bajó muy rápido. Apareció una nube negra enorme en el horizonte. Nadie pudo ver en ese momento por el polvo. ¡Las personas que estaban en el patio de su casa se perdieron tratando de encontrar la puerta de su casa!

Detente   Piensa   Escribe

IDEA PRINCIPAL Y DETALLES

¿Por qué el 14 de abril de 1935 fue diferente a otros días en los que hubo tormentas de polvo en el Cuenco de Polvo?

_____

_____

_____

Lluvia de ranas

Lo que ocurre en los simunes, las haboob y las tormentas negras es siempre culpa del viento, como también lo es lo que ocurre en esta extraña tormenta. A veces sucede que una tromba de agua, es decir, una tormenta que es como un tornado y se forma sobre el agua, entra en contacto con una comunidad de ranas. Dado que las ranas son criaturas livianas, a veces, muy pocas veces, las ranas pueden ser arrastradas por una tromba de agua muy fuerte.

Cuando una tromba de agua pasa del agua a la tierra, pierde fuerza. Entonces el agua, con todo lo que arrastró, cae sobre la tierra. Es algo inusual, pero hay gente que dice haber visto lluvia de ranas, peces, arañas . . . ¡e incluso tomates! ¿Te lo imaginas? Si alguna vez quedas atrapado en una lluvia de tomates, corre en busca de un refugio... ¡o de una olla para hacer salsa!

Detente   Piensa   Escribe

CARACTERÍSTICAS DEL TEXTO Y DE LOS ELEMENTOS GRÁFICOS

Escribe una leyenda para la imagen de esta página.

_____

_____

_____

Vuelve a leer y responde

1 ¿Cómo crees que sea experimentar una tormenta de arena?

Pista

Busca pistas en las páginas 104 y 105.

_____

_____

_____

2 ¿Cuál es una causa común que provoca los haboob?

Pista

Mira la página 106.

_____

_____

_____

3 ¿Qué tipos de tormentas hubo en el Cuenco de Polvo?

Pista

Mira la página 107.

_____

_____

_____

4 ¿Qué otro título le podrías poner a la sección de la página 110?

Pista

Relee la página y pregúntate de qué trata.

_____

_____

111

¡Hazte un detective de la lectura!

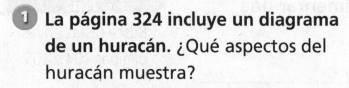

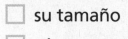

"Huracanes"
Libro del estudiante,
págs. 321–329

1 **La página 324 incluye un diagrama de un huracán.** ¿Qué aspectos del huracán muestra?

☐ su tamaño

☐ cómo se mueve

☐ de qué está hecho

¡Pruébalo! ¿Qué evidencia de la selección apoya tu respuesta? Marca las casillas. ✓ Toma notas.

Evidencia	Notas
☐ flechas	
☐ distancia y cifras de altitud	
☐ etiquetas	

¡Escríbelo!

CARACTERÍSTICAS DEL TEXTO Y DE LOS ELEMENTOS GRÁFICOS

Responde a la pregunta **1** usando evidencia del texto.

_____

_____

_____

_____

_____

_____

2 **La siguiente oración, ¿es un hecho o una opinión?** Los científicos tienen muchas maneras de rastrear y observar los huracanes.

☐ Es un hecho.

☐ Es una opinión.

¡Pruébalo! ¿Qué evidencia de la selección apoya tu respuesta?
Marca las casillas. ☑ Toma notas.

Evidencia	Notas
☐ fotos de instrumentos	
☐ imágenes satelitales	
☐ detalles del texto sobre las fotos y las imágenes	

¡Escríbelo!

HECHO Y OPINIÓN

Responde a la pregunta ② usando evidencia del texto.

_____

_____

_____

_____

_____

_____

_____

**escombros
pertenencias
ruina
temblar
vestigio**

Terremotos

1 La tierra suele **temblar** durante un terremoto. Este tipo de sacudidas puede provocar el desplome de edificios y carreteras.

Escribe un sinónimo de <u>temblar</u>.

_____

2 Los terremotos pueden provocar muchos **escombros**. La gente tiene que tener mucho cuidado para no resultar herida.

Describe alguna vez en la que hayas visto <u>escombros</u>.

_____

_____

_____

3 En 1989, una carretera de California se desplomó a consecuencia de un terremoto. Hubo gente que quedó atrapada en los restos y **vestigios** de la carretera. Gracias a los rescatadores se pudo sacar a mucha gente de allí.

¿Qué tipo de restos y <u>vestigios</u> podrías encontrar después de una gran tormenta?

_____

_____

4 En 1999 hubo un gran terremoto en Turquía. Se desplomaron muchos edificios y quedaron personas atrapadas bajo bloques de cemento y acero. El equipo de salvamento pudo rescatar a mucha gente de entre las **ruinas**. ¡Hasta encontraron vivo a un muchacho después de 146 horas!

¿Cómo se ve un edificio que está en <u>ruinas</u>?

_____

_____

5 Muchos niños perdieron sus hogares y **pertenencias** como consecuencia del terremoto de Turquía. Algunas organizaciones trabajan para ayudar a las víctimas de terremotos. Estos grupos repusieron las cosas que habían perdido los niños.

¿Qué <u>pertenencias</u> serían las que más te dolería perder?

_____

_____

_____

La Tierra se mueve

por Estelle Kleinman

Sentir el movimiento de la Tierra

¿Alguna vez has sentido moverse la Tierra? Tal vez te encuentres caminando por la calle y, de repente, todo comienza a agitarse y **temblar**. ¡Es un terremoto! Pero, ¿por qué ocurren los terremotos?

Comencemos mirando la corteza de la Tierra. La corteza tiene en algunos lugares un grosor de cincuenta kilómetros. La corteza está compuesta por capas de roca y tierra, y suele tener muchas grietas. Con el paso del tiempo, estas grietas han ido formando grandes secciones llamadas *placas*. En total hay siete grandes placas y varias más pequeñas.

Detente Piensa Escribe

CAUSA Y EFECTO

¿Qué le ha ocurrido a la corteza terrestre con el paso del tiempo?

_____

_____

_____

Desplazamiento de placas

Las placas se desplazan. La mayoría de las veces se desplazan tan lentamente que no se nota su movimiento. Para que las placas se muevan una pulgada puede pasar un año.

El calor de las profundidades de la Tierra hace que las grandes placas de roca se friccionen y choquen entre sí. A consecuencia de ello, las grietas en las placas se hacen más grandes. De esa forma, la roca fundida, llamada *magma*, puede escapar por ellas. A esto se le llama *erupción*. Con el tiempo, el magma de las erupciones se va acumulando, hasta el punto de poder formar montañas.

Detente **Piensa** **Escribe**

SECUENCIA DE SUCESOS

¿Qué debe suceder para que pueda escapar el magma que hay debajo de las placas?

_____

_____

_____

115

Relieve terrestre

Las placas se empujan entre sí en algunos lugares. También pueden retorcerse y doblarse. Algunas placas pueden deslizarse debajo de otras. Los grandes bloques de roca pueden elevarse o caer.

Estas placas en desplazamiento forman gran parte de la orografía o el relieve que vemos. Los grandes bloques de roca pueden elevarse hasta formar montañas o pueden descender hasta formar valles.

Detente   Piensa   Escribe

COMPARAR Y CONTRASTAR

¿Cuál es la diferencia entre el desplazamiento de las placas que forma montañas y el desplazamiento que forma valles?

_____

_____

_____

Placas y terremotos

Por lo general, las placas se desplazan muy lentamente. Pero, a veces, se deslizan o se parten de forma repentina. El resultado de ello es un terremoto.

Todos los terremotos producen ondas, que son como las que se producen en un estanque cuando cae algo. Los terremotos pueden ser tan pequeños que ni se dejan sentir. Por su parte, los terremotos más fuertes producen ondas más grandes, y estos se pueden sentir a cientos de millas de distancia. Los grandes terremotos pueden lastimar a los animales y las personas. Pueden derribar árboles y agrietar calles. También pueden derrumbar edificios grandes y dejar **ruinas** en su lugar.

Detente Piensa Escribe

VOCABULARIO

Además de los terremotos, ¿qué otro suceso de la naturaleza puede causar daños y provocar <u>ruinas</u>?

_____

_____

_____

117

Registros de terremotos

Los científicos mantienen registros de las ondas producidas por los terremotos. Los registros nos indican el lugar donde ocurrieron los terremotos y su magnitud, es decir, cuán fuertes fueron.

El estudio de los terremotos pasados nos ayuda a suponer dónde pueden ocurrir de nuevo. Muchos ocurren en los lugares donde se juntan las placas. Actualmente, en la costa de California hay dos grandes placas que se empujan entre sí, por lo que los terremotos son habituales en esta área. Los terremotos más grandes pueden producir gran cantidad de **escombros** y **vestigios**.

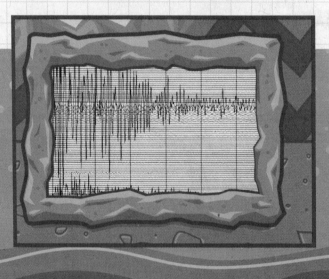

Detente   Piensa   Escribe

VOCABULARIO

¿De qué forma los terremotos más fuertes causan cantidades grandes de escombros y vestigios?

_____

_____

_____

Durante un terremoto

¿Qué deberías hacer cuando ocurre un terremoto? Mantén la calma. Si te encuentras afuera, aléjate de las cosas que puedan caerse. Te puedes hacer daño con los escombros que caen al suelo.

Si te encuentras adentro, piensa en tu seguridad primero. No te preocupes por tus **pertenencias**. Te mantendrás a salvo si te acuerdas de echarte al suelo, cubrirte y agarrarte a algo. En primer lugar, échate al suelo. En segundo lugar, métete debajo de un mueble o de algo que te cubra. En tercer lugar, agárrate a algo sólido.

Detente   Piensa   Escribe

SECUENCIA DE SUCESOS

Si te encuentras en el interior de un lugar, ¿qué es lo primero que debes hacer en caso de terremoto?

_____

_____

_____

119

Después de un terremoto

Una vez que haya pasado el terremoto, asegúrate de que todos estén bien. Tal vez notes algún olor a gas u oigas algún ruido sibilante. Si es así, puede significar que hay fugas en el conducto de gas. Abre una ventana y vete afuera.

Debes estar preparado para sobrevivir a un gran terremoto. Por tanto, deberías tener listo un equipo con las cosas necesarias. En el equipo debe haber agua, comida y un botiquín de primeros auxilios.

Si estás asustado, díselo a un adulto. Los terremotos pueden provocar miedo, pero duran apenas unos segundos.

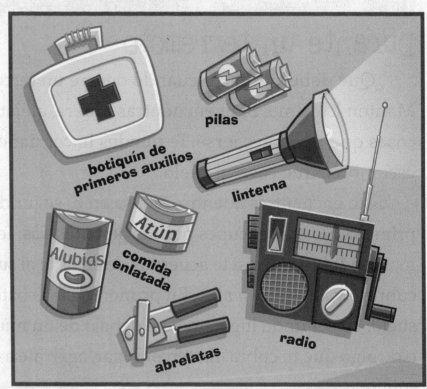

botiquín de primeros auxilios

pilas

linterna

Atún

Alubias

comida enlatada

abrelatas

radio

Detente Piensa Escribe

CAUSA Y EFECTO

¿Qué deberías hacer en caso de oler a gas u oír algún ruido sibilante tras un terremoto?

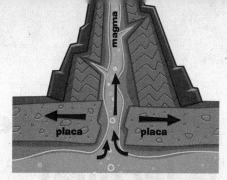

Vuelve a leer y responde

1 ¿Qué sucede en primer lugar, se forman grietas en la corteza terrestre o las placas de rocas se friccionan y golpean entre sí?

Pista

Busca pistas en la página 115.

_____

_____

_____

2 Escribe dos cosas que pueden suceder después de un gran terremoto.

Pista

Busca pistas en la página 117.

_____

_____

3 ¿Por qué debe uno "echarse al suelo, cubrirse y agarrarse a algo" en ese orden?

Pista

Busca pistas en la página 119.

_____

_____

_____

4 ¿Qué pueden aprender los científicos del estudio de terremotos ocurridos en el pasado? Explica tu respuesta.

Pista

Busca pistas en la página 118.

_____

_____

_____

¡Hazte un detective de la lectura!

Vuelve a

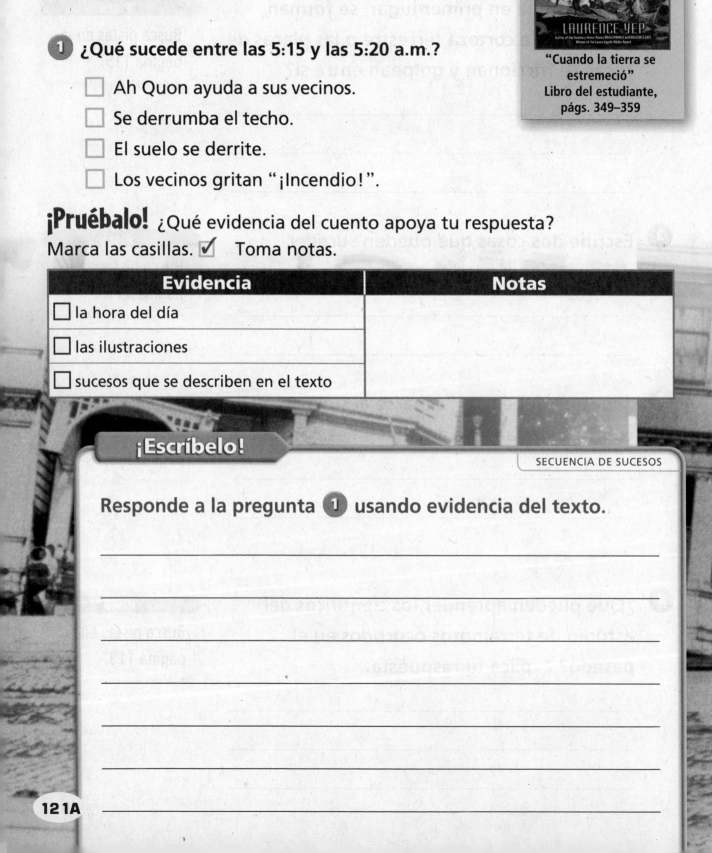

CUANDO LA TIERRA SE ESTREMECIÓ:
El terremoto de San Francisco de 1906

LAURENCE YEP
Author of the Newbery Honor Books DRAGONWINGS and DRAGON'S GATE
Winner of the Laura Ingalls Wilder Award

"Cuando la tierra se estremeció"
Libro del estudiante,
págs. 349–359

1 **¿Qué sucede entre las 5:15 y las 5:20 a.m.?**

☐ Ah Quon ayuda a sus vecinos.

☐ Se derrumba el techo.

☐ El suelo se derrite.

☐ Los vecinos gritan "¡Incendio!".

¡Pruébalo! ¿Qué evidencia del cuento apoya tu respuesta?
Marca las casillas. ☑ Toma notas.

Evidencia	Notas
☐ la hora del día	
☐ las ilustraciones	
☐ sucesos que se describen en el texto	

¡Escríbelo!

SECUENCIA DE SUCESOS

Responde a la pregunta **1** usando evidencia del texto.

_____

_____

_____

_____

_____

_____

2 ¿Qué problema se resuelve al final de la historia?

☐ Se apaga el incendio.

☐ Chin es rescatado de entre los escombros.

☐ Sacan al padre de Chin de entre los escombros.

¡Pruébalo! ¿Qué evidencia del cuento apoya tu respuesta?
Marca las casillas. ☑ Toma notas.

Evidencia	Notas
☐ lo que Ah Quon dice y hace	
☐ lo que Chin dice y hace	
☐ las ilustraciones	

¡Escríbelo!

ESTRUCTURA DEL CUENTO

Responde a la pregunta 2 usando evidencia del texto.

_____

_____

_____

_____

_____

_____

_____

acurrucarse
agotamiento
alerta
exposición
perderse

Naufragios

Marca la respuesta correcta.

1 El capitán de un barco debe permanecer _____ a cualquier señal de mal tiempo.

☐ **alerta** ☐ **perdido** ☐ **tentado**

2 Algunos marineros se han quedado _____ en islas después de naufragar.

☐ **tercos** ☐ **perdidos** ☐ **golpeados**

3 Si los marineros sufren un naufragio en un lugar frío, pueden encender fogatas o _____ para mantener el calor.

☐ **pronunciar** ☐ **debutar** ☐ **acurrucarse**

4 Los marineros pueden lanzar bengalas o encender fogatas como una muestra o _____ de luz para que otros puedan hallarlos.

☐ **edificación** ☐ **exposición** ☐ **ruina**

5 ¿Qué es lo primero que harías si te perdieras en una isla?

_____

_____

_____

6 ¿Has sentido agotamiento alguna vez? ¿Qué te hizo sentir así?

_____

_____

_____

En las garras del hielo

por Carol Alexander

Sir Ernest Shackleton fue un explorador británico. Quería hacer algo que nadie había sido capaz de hacer anteriormente. Quería cruzar la Antártida a pie.

Shackleton formó un equipo para hacer el viaje. Frank Hurley era el fotógrafo del equipo, e iba a registrar el viaje con sus fotos. Shackleton y su equipo partieron hacia la Antártida en su barco *Endurance* en el otoño de 1914.

Detente   Piensa   Escribe

CAUSA Y EFECTO

¿Por qué se unió Frank Hurley a la expedición?

_____

_____

_____

Todo por una foto

Hurley llevaba a todos lados sus pesadas cámaras, siempre **alerta**, en busca de nuevos temas. Sus compañeros decían que Hurley "iría a cualquier lado o haría cualquier cosa por una foto". Incluso trepaba por los mástiles del barco con las grandes cámaras. Luego guardaba las películas fotográficas en pesadas placas de cristal.

Mientras navegaba por el sur, el equipo comenzó a divisar pingüinos y focas. Hurley tomó fotos de estos animales. ¡Parecía increíble que hubiese vida en condiciones tan frías!

Detente   Piensa   Escribe

VOCABULARIO

¿Por qué permaneció en <u>alerta</u> Hurley?

_____

_____

_____

125

Problemas con el hielo

El barco prosiguió rumbo al sur. Estaba siendo un invierno especialmente frío y las temperaturas seguían descendiendo. Comenzó a formarse hielo alrededor del barco y pronto se vio atrapado. Los hombres trataron de sacar el barco del hielo, pero no pudieron.

No hubo más remedio que esperar a que el hielo se rompiese en pedazos. Para mantenerse alegre y pasar el tiempo, el equipo jugaba al fútbol americano y a otros deportes. Sin embargo, diez meses después el barco seguía encallado.

Detente Piensa Escribe

CAUSA Y EFECTO

¿Qué provocó que el barco encallara?

_____

_____

_____

¡Perdidos!

El hielo aumentó de grosor, hasta el punto de aplastar el barco. Hurley incluso se lanzó a las gélidas aguas para intentar salvar algunas de sus placas. Unos días más tarde, el barco se hundió. Los hombres **se perdieron**.

Shackleton encabezó el grupo por el hielo. Tenían que encontrar tierra firme. En su travesía, el equipo arrastraba botes salvavidas y Hurley sus gruesas placas de vidrio. Para mantener el calor, tenían que **acurrucarse** unos con otros. La ropa y los sacos de dormir estaban mojados. Disponían de poca comida.

Detente   Piensa   Escribe

VOCABULARIO

¿Qué hicieron los hombres para sobrevivir cuando **se perdieron**?

_____

_____

_____

En busca de ayuda

El equipo siguió adelante a pesar de su **agotamiento**. Tras cinco meses, hallaron mar abierto. Con sus botes salvavidas pudieron navegar hasta la isla Elefante.

Sin embargo, pronto se percataron de que no podrían sobrevivir allí por mucho tiempo. Shackleton y otros cinco hombres partieron con un bote en busca de ayuda, en un viaje de 800 millas de distancia. Tuvieron que navegar en medio de tormentas durante diecisiete días, y picar y retirar el hielo del barco para evitar que se hundiera. Tuvieron que desechar los sacos de dormir y los remos de más para aligerar la carga. Una vez que llegaron a las islas Georgias del Sur, tuvieron que caminar veintidós días por las montañas para conseguir ayuda.

Detente **Piensa** **Escribe**

CAUSA Y EFECTO

¿Por qué abandonó Shackleton a la mayoría de los miembros de la expedición?

_____

_____

_____

¡Salvados!

Mientras tanto, los veintitrés hombres que habían quedado atrás en la isla Elefante aguardaban su rescate. Finalmente, el 30 de agosto de 1916, divisaron un barco. Era Shackleton que regresaba para rescatarlos. Habían transcurrido cuatro meses desde su partida.

Todos los hombres habían hecho **exposición** de verdadero valor a lo largo de los dos últimos años. Nadie había muerto. Y a pesar de todas sus penurias y dificultades, Frank Hurley había podido capturar su viaje en películas fotográficas.

Detente   Piensa   Escribe

SACAR CONCLUSIONES

¿Qué te dicen estos sucesos sobre Shackleton y Hurley?

_____

_____

_____

Más sobre Ernest Shackleton y Frank Hurley

Antes de convertirse en fotógrafo, Frank Hurley tuvo muchos trabajos. Trabajó en muelles y en fundiciones de hierro. En 1911 pasó a formar parte de un equipo que se dirigía al Polo Norte. Fue su primera gran aventura.

Las fotos de Hurley del viaje a la Antártida se pueden ver en una película llamada *En las garras de los bancos de hielo polar.* La película se estrenó en 1919.

Ernest Shackleton navegó por el mar por primera vez a los catorce años. ¡Su padre pensó que la Marina curaría su amor por el mar! En vez de eso, Shackleton pasó gran parte de su vida explorando el mundo con su barco.

Detente Piensa Escribe

IDEA PRINCIPAL Y DETALLES

¿Cómo ayudan estos hechos a tu comprensión del relato?

_____

_____

_____

Vuelve a leer y responde

1 ¿Fue Shackleton un buen líder? Explica tu respuesta.

Pista

¡Encontrarás pistas en casi todas las páginas!

_____

_____

_____

2 ¿Qué sucedió para que se perdiera el equipo de Shackleton?

Pista

Busca pistas en la página 126.

_____

_____

_____

3 ¿Por qué cargó Hurley durante la larga marcha con sus pesadas placas fotográficas?

Pista

Busca pistas en las páginas 124, 125 y 129.

_____

_____

_____

4 ¿Cómo ayudó Hurley a la gente a aprender sobre el Polo Sur?

Pista

Piensa en lo que trajo Hurley consigo al volver de la expedición.

_____

_____

_____

131

¡Hazte un detective de la lectura!

Vuelve a

Diario de la Antártida
Jennifer Owings Dewey

Cuatro meses en el fondo del mundo

"Diario de la Antártida"
Libro del estudiante,
págs. 377–387

1 **¿Cuál es la siguiente aventura después de caerse en una grieta?**

☐ viaje a la isla Litchfield

☐ comer krill

☐ recoger el huevo de un pingüino

☐ ver el rayo verde

¡Pruébalo! ¿Qué evidencia de la selección apoya tu respuesta?
Marca las casillas. ✓ Toma notas.

Evidencia	Notas
☐ fechas anotadas en el diario	
☐ las ilustraciones	
☐ sucesos que se describen en el texto	

¡Escríbelo!

SECUENCIA DE SUCESOS

Responde a la pregunta **1** usando evidencia del texto.

_____

_____

_____

_____

_____

_____

2 ¿Cómo informa la autora a los lectores sobre los pingüinos adelia?
Elige todas las respuestas correctas.

☐ texto   ☐ fotografías   ☐ dibujos

¡Pruébalo! ¿Qué evidencia de la selección apoya tu respuesta?
Marca las casillas. ☑ Toma notas.

Evidencia	Notas
☐ detalles sobre el comportamiento de los pingüinos	
☐ fotografías	
☐ dibujos	

¡Escríbelo!

CARACTERÍSTICAS DEL TEXTO Y DE LOS ELEMENTOS GRÁFICOS

Responde a la pregunta 2 usando evidencia del texto.

_____

_____

_____

_____

_____

_____

exceso
escaso
sociable
almacenamiento
transportar

Insectos interesantes

1 Las termitas son insectos **sociables**. Viven juntas en grupo. Las termitas comen plantas muertas y madera. De ese modo, reciclan este material. Este reciclamiento es beneficioso para el medioambiente.

¿Te consideras una persona <u>sociable</u>? ¿Te gustan los eventos sociales y las fiestas? Explica por qué.

_____

_____

_____

2 Algunas personas pueden pensar que hay escarabajos en **exceso**. ¡Es probable que haya hasta 5 millones de especies de escarabajos distintas!

¿Crees que es posible tener amigos en <u>exceso</u>? Explica tu respuesta.

_____

_____

_____

3 La población de ciertos tipos de libélulas se está volviendo **escasa**. Los humedales donde viven están siendo destruidos. ¡Menos lugares donde vivir significa menor número de libélulas!

¿Qué cosa resulta <u>escasa</u> en tu escuela?

_____

_____

4 La luciérnaga es un tipo de escarabajo. Tiene en **almacenamiento**, dentro del cuerpo, un químico especial que utiliza para producir luz.

¿Qué tipo de cosas podrías tener en <u>almacenamiento</u>?

_____

_____

5 Las mariposas **transportan** polen del tamaño de una mota de polvo de flor en flor. El polen ayuda a generar nuevas flores.

¿Cuál es la forma más rápida de <u>transportar</u> gente: en bus, tren o avión?

_____

_____

Abejas ocupadas

por Shirley Granahan

¿Te gusta la miel? A mí sí. En la escuela estamos aprendiendo de dónde proviene esta sustancia dulce y pegajosa. La producen las abejas, pero no todas las abejas producen miel.

Fuimos de visita a una granja de abejas productoras de miel, y también vimos películas sobre abejas. Aprendimos mucho sobre este tipo de abejas.

Usé la información que recopilé para escribir un informe.

Se vende miel.

Detente Piensa Escribe

IDEA PRINCIPAL Y DETALLES

¿De dónde proviene la miel?

_____

_____

_____

El hogar de las abejas

En la granja conocimos al apicultor, que nos contó que las abejas son animales **sociables**. Viven y trabajan en grupos. Miles de abejas viven en una sola colmena.

También fuimos a ver una colmena. Había muchísimas abejas allí y todas estaban zumbando. Cada abeja se encarga de un trabajo diferente.

Las abejas pueden vivir en colmenas como estas.

ZZZZ

Detente   Piensa   Escribe

VOCABULARIO

Menciona un animal que no sea un animal <u>sociable</u>.

Estas celdas se usan para almacenar miel.

Las abejas de una colmena

La mayoría de las abejas de una colmena son abejas obreras. Las obreras son todas hembras. Ellas son las encargadas de construir y cuidar la colmena, de obtener comida y de cuidar de las abejas bebé.

A las abejas macho se las llama *zánganos*. Su tamaño es más grande que el de las obreras. Los zánganos se encargan de elegir la abeja bebé que se convertirá en reina. Una vez elegida, las obreras la alimentan con jalea real, que es más dulce que la jalea que come el resto de las abejas. Es por ello que la reina llega a tener un tamaño mucho mayor que el resto de las abejas. El trabajo de la reina consiste en poner los huevos en las celdas de la colmena.

Detente   Piensa   Escribe

IDEA PRINCIPAL Y DETALLES

¿Qué tipos de abejas viven en colmenas?

_____

_____

_____

La miel de la colmena

Las abejas trabajan juntas para producir y almacenar miel en la colmena. Las abejas siempre se aseguran de tener un **almacenamiento** de miel suficiente para abastecerse en el invierno. La miel les proporciona la energía necesaria para trabajar y vivir.

Los apicultores extraen el **exceso** de miel de la colmena. Al extraer nada más que la miel no necesaria para las abejas, se aseguran de que las abejas dispongan de la miel suficiente para alimentarse.

El apicultor recoge la miel.

Detente Piensa Escribe

IDEA PRINCIPAL Y DETALLES

¿Cuánta miel saca el apicultor de la colmena?

_____

_____

_____

137

Producción de miel

Las abejas obreras producen la miel. Primero, vuelan hasta un lugar repleto de flores. Luego, van de flor en flor bebiendo su néctar. El néctar es el dulce sirope que se encuentra en las flores. Las abejas almacenan parte de este néctar en una zona de su cuerpo llamada *estómago de la miel*. Luego las abejas **transportan** el néctar hasta la colmena.

Las abejas extraen néctar de las flores.

Detente Piensa Escribe

CAUSA Y EFECTO

¿Por qué vuelan las abejas de flor en flor?

En invierno no hay flores para las abejas.

Las abejas todavía tienen que convertir el néctar en miel. Así que, en primer lugar, vierten el néctar en las celdas y retiran el agua que sobra. Con el tiempo, este néctar se convierte en miel y, una vez preparada, las obreras cierran la celda con una tapa de cera.

La miel almacenada es la única fuente de alimento de las abejas durante todo el invierno. Si la miel se vuelve **escasa**, las obreras echan a los zánganos de la colmena. Los zánganos comen tanta miel que pueden agotar las reservas de alimento.

Este es el final de mi informe sobre las abejas.

Detente   Piensa   Escribe

VOCABULARIO

¿Por qué se vuelve <u>escasa</u> la miel en invierno?

_____

_____

_____

139

El zumbido de las abejas

Cuerpo de la abeja
Antenas
Tórax
Alas
Abdomen
Cabeza
Aguijón
Patas

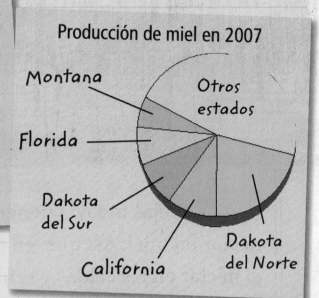

Producción de miel en 2007
Montana
Otros estados
Florida
Dakota del Sur
California
Dakota del Norte

Una abeja obrera tiene distintos trabajos a lo largo de su vida.	
Edad	Trabajos
Días 1–3	Limpiar las celdas y cuidar de los huevos
Días 3–10	Alimentar a las abejas bebé
Días 10–18	Producir cera y construir celdas
Días 18–21	Proteger la colmena
Día 20 y sucesivos	Recolectar néctar y polen de las flores

Detente   Piensa   Escribe   CARACTERÍSTICAS DEL TEXTO Y DE LOS ELEMENTOS GRÁFICOS

Una abeja obrera vive durante 6 semanas en verano. ¿Qué trabajo desempeña la abeja obrera durante la mayor parte de su vida?

Vuelve a leer y responde

1 ¿Dónde viven las abejas?

Pista

Busca pistas en la página 135.

_____

_____

_____

2 ¿Qué hacen las abejas para producir miel?

Pista

Busca pistas en las páginas 138 y 139.

_____

_____

_____

3 ¿Qué sucedería si el apicultor retirara toda la miel de la colmena?

Pista

Busca pistas en las páginas 137 y 139.

_____

_____

_____

4 ¿Qué estado produjo la mayor cantidad de miel en 2007?

Pista

Usa el gráfico de la página 140.

_____

_____

_____

141

¡Hazte un detective de la lectura!

Vuelve a

"Vida y momentos de la hormiga"
Libro del estudiante,
págs. 411–423

1 ¿Qué características del oso hormiguero gigante lo ayudan a recoger y comer hormigas?

☐ su pelaje negro y blanco

☐ sus garras de cuatro pulgadas de largo

☐ una cola larga y flexible   ☐ otras _____

¡Pruébalo! ¿Qué evidencia de la selección apoya tu respuesta?
Marca las casillas. ☑ Toma notas.

Evidencia	Notas
☐ el dibujo de un oso hormiguero gigante	
☐ leyendas sobre las garras	
☐ otras leyendas	

¡Escríbelo!

CARACTERÍSTICAS DEL TEXTO Y DE LOS ELEMENTOS GRÁFICOS

Responde a la pregunta 1 usando evidencia del texto.

_____

_____

_____

_____

_____

2 **¿Qué dos efectos tienen las hormigas cosechadoras en el bosque?**

☐ El crecimiento de los árboles que han crecido en exceso se desacelera.

☐ Se crean surcos anchos a través del bosque.

☐ Las hojas recicladas por las hormigas ayudan a que crezcan nuevas plantas.

¡Pruébalo! ¿Qué evidencia de la selección apoya tu respuesta?
Marca las casillas. ☑ Toma notas.

Evidencia	Notas
☐ el texto principal sobre cómo las hormigas reciclan las hojas	
☐ el diagrama de las hormigas cosechadoras	
☐ leyendas en el diagrama	

¡Escríbelo!

CAUSA Y EFECTO

Responde a la pregunta 2 usando evidencia del texto.

_____

_____

_____

_____

_____

_____

✓ **VOCABULARIO CLAVE**

afectar

directamente

especie

hábitat

rastro

Ranas

Los humedales son los **hábitats** de las ranas. Las ranas proliferan en las zonas húmedas y templadas. Las ranas te pueden indicar la salud del ambiente donde viven, ya que sufren **directamente** el daño que se causa a los humedales.

La polución daña los humedales, y estos daños pueden **afectar** a las ranas en gran medida. Entre las **especies** de ranas perjudicadas se encuentra la rana de la madera, o arbórea. Muchas ranas de este tipo han muerto.

Los científicos mantienen registros de las ranas para saber la salud que tiene una zona. No pueden ver ni contar todas las ranas, por lo que buscan **rastros** de ellas. Las llamadas de las ranas son la mejor pista de que hay ranas viviendo en esa zona.

1. Los científicos buscan un _____ de las ranas para saber la salud que tiene una zona.

2. Las zonas húmedas y templadas como los humedales son el _____ de las ranas.

3. La rana de la madera es una de las _____ de ranas que han sufrido daños a consecuencia de los cambios en los humedales.

4. ¿Vas tú <u>directamente</u> a casa después de la escuela?

   _____

   _____

   _____

5. ¿Qué podría <u>afectar</u> de forma negativa al medioambiente de tu área?

   _____

   _____

   _____

¿Adónde han ido todas las ranas?

por Cate Foley

Carlos estaba enfadado. No podía creer que su madre lo hubiera arrastrado hasta una de sus reuniones para "salvar el planeta". Había un juego de béisbol en su barrio y Carlos era el mejor jardinero centro del vecindario. En vez de estar haciendo recepciones increíbles, se encontraba escuchando a unos científicos hablar sobre... ¡ranas! Pero, ¿qué hacía aquí? ¿Qué podía hacer él para **afectar** el estado actual de las ranas? Estaba desperdiciando su tiempo.

Detente **Piensa** **Escribe**

INFERIR Y PREDECIR

¿Por qué están celebrando una reunión sobre las ranas?

_____

_____

_____

La Dra. Vásquez había comenzado su charla sobre la población de ranas. Luego señalaba una gráfica de barras que había en la pantalla. La gráfica tenía forma de escalera descendente. Carlos veía que las ranas estaban pasando por un mal momento.

La Dra. Vásquez explicó que las ranas eran criaturas delicadas. Incluso pequeños **rastros** de polución podían matar poblaciones enteras. En la actualidad, había gente de todo el mundo colaborando para contar la cantidad de ranas. Los científicos llevaban a cabo reuniones en las que enseñaban a la gente a contar las ranas. Luego, la gente informaba a los científicos **directamente** para registrar la información.

Detente   Piensa   Escribe

IDEA PRINCIPAL Y DETALLES

¿Qué pruebas presenta la Dra. Vásquez para demostrar que las ranas son animales delicados?

_____

_____

Uno de los **hábitats** de los que hablaba la Dra. Vásquez era una gran zona de humedales. Se encontraba justo detrás del campo de béisbol donde jugaban Carlos y sus amigos. ¡Carlos no podía creer que estuviera tan cerca! Entonces supo que quería ayudar a las ranas. Comenzó a tomar notas mientras el salón se inundaba del sonido de ranas croando. La Dra. Vásquez acababa de poner una cinta con llamadas de ranas. Carlos salió de la reunión sujetando un folleto con las instrucciones para contar ranas y fotos de diferentes clases de ranas.

Detente   Piensa   Escribe

VOCABULARIO

¿Qué sucede cuando Carlos descubre la ubicación de uno de los <u>hábitats</u>?

_____

_____

_____

Las condiciones de la tarde del día siguiente eran perfectas para contar ranas. Hacía calor, había humedad y nada de viento. Carlos y su mamá se dirigieron a los humedales de detrás del campo de béisbol.

Una vez allí, se sentaron cerca del estanque turbio y lodoso que la Dra. Vásquez había marcado en el mapa. Se aseguraron de no remover el suelo, y se quedaron quietos y callados.

Detente   Piensa   Escribe

IDEA PRINCIPAL Y DETALLES

¿Qué detalles demuestran que la zona que visitan Carlos y su madre es un buen hábitat para las ranas?

_____

_____

_____

147

De pronto, Carlos vio una estela verde y oyó un ¡*plop*! Eso tenía que ser una rana. La Dra. Vásquez había dicho que en el estanque no había peces. En medio del estanque parecía sonar algo similar a una sirena.

—Rana toro —susurró Carlos. Y lo anotó en su registro.

Luego, Carlos oyó algo parecido a un graznido. El sonido se oía cada vez con más rapidez, y provenía de un tronco cercano. "Tal vez sea una rana de la madera", pensó Carlos. Levantó una grabadora con la esperanza de capturar el sonido.

Detente **Piensa** **Escribe**

INFERIR Y PREDECIR

¿Cómo identificó Carlos las ranas?

Al día siguiente, Carlos y su mamá llevaron la cinta a la Dra. Vásquez. La Dra. escuchó la cinta, escribió en una gráfica y luego llamó por teléfono.

Cuando la Dra. Vásquez terminó la llamada de teléfono, se la veía seria.

—Las ranas arbóreas han ido desapareciendo más rápidamente que otras **especies**. Esta cinta que grabaron es un verdadero trofeo. Demuestra que hay ranas de la madera en nuestra ciudad. Por eso, ahora tenemos incluso más razones para cuidar ese estanque. Lo que has hecho es muy importante, Carlos.

Detente   Piensa   Escribe

VOCABULARIO

¿Qué dos especies de ranas encuentra Carlos en la laguna?

_____

_____

_____

Lugares donde se encuentran humedales

Los humedales se encuentran en las proximidades de lagos, estanques y ríos a lo largo de los Estados Unidos.

¿Qué tipos de seres vivos habitan en los humedales?

En los humedales viven muchos tipos de ranas, peces y tortugas. En los humedales también habitan aves acuáticas como garzas y gaviotas. También viven cocodrilos allí.

¿Por qué deberíamos proteger los humedales?

Los humedales proporcionan alimento y refugio a los animales que los habitan. Al proteger los humedales, también protegemos a los animales.

Detente Piensa Escribe

SACAR CONCLUSIONES

¿Cómo te ayudan estos hechos a comprender la importancia de proteger los hábitats naturales?

_____

_____

_____

Vuelve a leer y responde

1 ¿Qué detalles te indican que Carlos no quiere asistir a la reunión?

Pista

Busca pistas en la página 144.

_____

_____

_____

2 ¿Cómo describirías el <u>hábitat</u> de las ranas arbóreas?

Pista

Busca pistas en las páginas 147 y 150.

_____

_____

_____

3 ¿Qué aprende Carlos sobre las ranas arbóreas?

Pista

Busca pistas en las páginas 148 y 149.

_____

_____

4 ¿Qué cosas podrías hacer para ayudar a la preservación de las ranas en los humedales?

Pista

Puedes encontrar pistas a lo largo de todo el cuento.

_____

_____

_____

151

¡Hazte un detective de la lectura!

Vuelve a

Ecología para **niños**

"Ecología para niños"
Libro del estudiante,
págs. 441–451

1 ¿Cuál es la idea principal de las páginas 450 y 451?

☐ Deberíamos enseñar ecología a los demás.

☐ Está mal verter la basura en los océanos.

☐ Deberíamos reducir la contaminación de varias maneras.

☐ otra _____

¡Pruébalo! ¿Qué evidencia de la selección apoya tu respuesta?
Marca las casillas. ☑ Toma notas.

Evidencia	Notas
☐ la primera oración	
☐ detalles que apoyan la primera oración	
☐	

¡Escríbelo!

IDEAS PRINCIPALES Y DETALLES

Responde a la pregunta **1** usando evidencia del texto.

_____

_____

_____

_____

_____

_____

151A

2 ¿Cuál es el propósito del autor para contarles a los lectores sobre los recursos que las personas usan de los bosques tropicales y del mar?

☐ informar a los lectores sobre algunos de sus animales marinos favoritos

☐ persuadir a los lectores de que vale la pena proteger estos recursos

☐ entretener a los lectores con historias sobre aventuras en la selva

¡Pruébalo! ¿Qué evidencia de la selección apoya tu respuesta? Marca las casillas. ☑ Toma notas.

Evidencia	Notas
☐ la última oración de cada sección	
☐ las leyendas	
☐ las palabras persuasivas como *importante, asombroso* y *debemos*	

¡Escríbelo!

PROPÓSITO DEL AUTOR

Responde a la pregunta **2** usando evidencia del texto.

_____

_____

_____

_____

_____

_____

✓ **VOCABULARIO CLAVE**

**defender
contar
fama
satisfecho
situación**

Carromatos

1 Cada carromato tenía un líder. Cada pasajero del carromato **defendía** el derecho del líder a tomar todas las decisiones importantes.

Escribe un sinónimo de <u>defendía</u>.

_____

_____

2 La mayoría de los carromatos **contaba** con un explorador para guiar a los carromatos. Los exploradores conocían los lugares más fáciles por donde cruzar ríos y montañas.

Describe alguna situación reciente en la que <u>contaste</u> con alguien para hacer algo.

_____

_____

_____

3 Jim Bridger fue un famoso explorador. La gente decía de él que "tenía el mapa de todo el Oeste en la cabeza". Sin duda, tenía buena **fama**.

¿Qué <u>fama</u> te gustaría que tuviera tu escuela?

_____

_____

_____

▲ **un alce**

4 Era difícil encontrar leña en esos trayectos. A veces, los viajeros usaban excremento seco de búfalo. El excremento producía un fuego cálido y limpio. Los viajeros estaban **satisfechos** de poder hallar este combustible tan bueno.

Escribe un sinónimo de <u>satisfechos</u>.

_____

5 La **situación** con respecto a la caza variaba cada día. A veces, los cazadores solamente hallaban animales pequeños. Más hacia el oeste, sin embargo, empezaban a encontrar alces.

¿En qué <u>situación</u> te has sentido orgulloso?

_____

_____

_____

El jinete más rápido del Oeste

Especial para *El camino al Oeste* por Nathan Mott

Detente | Piensa | Escribe

CONCLUSIONES Y GENERALIZACIONES

Según el título de arriba, ¿sobre qué suceso escribió Nathan Mott?

El camino al Oeste se complace en publicar parte del diario de Nathan Mott. Mott escribió estas páginas para informar sobre un suceso emocionante ocurrido en la Senda de Santa Fe. Nosotros **contamos** con Mott para que siguiera a un jinete conocido como "El jinete más rápido del Oeste".

En la Senda de Santa Fe — 20 de mayo de 1848

Esta es mi **situación**. Me encuentro en medio de la nada. Detrás de mí queda Independence, Misuri. Delante de mí hay millas y millas de praderas. Sigo de cerca a Francis Aubry, el jinete más rápido del Oeste. Partimos de Independence, donde comienza la senda, al mismo tiempo. Ahora Aubry se encuentra muy por delante de mí.

Detente **Piensa** **Escribe**

COMPARAR Y CONTRASTAR

¿Qué jinete es más rápido, Nathan Mott o Francis Aubry? Explícalo.

_____

_____

_____

Council Grove, Kansas—24 de mayo de 1848

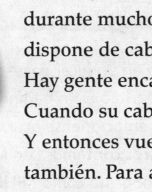

Hoy es el cuarto día del viaje de Aubry. Yo me encuentro en Council Grove, mientras que Aubry ya ha partido. Lo único que encontré fue su agotado caballo.

Ningún caballo puede galopar al máximo durante mucho tiempo. Es por esta razón que Aubry dispone de caballos frescos a lo largo de la senda. Hay gente encargada de preparar sus caballos. Cuando su caballo se agota, Aubry se cambia a otro. Y entonces vuelve a partir. Así es como viajo yo también. Para alcanzar a Aubry tengo que montar como él. Solo que yo no soy tan rápido.

A Aubry le encanta batir récords de velocidad. Se ha ganado una buena **fama**. Su nombre es conocido a lo largo de toda la senda.

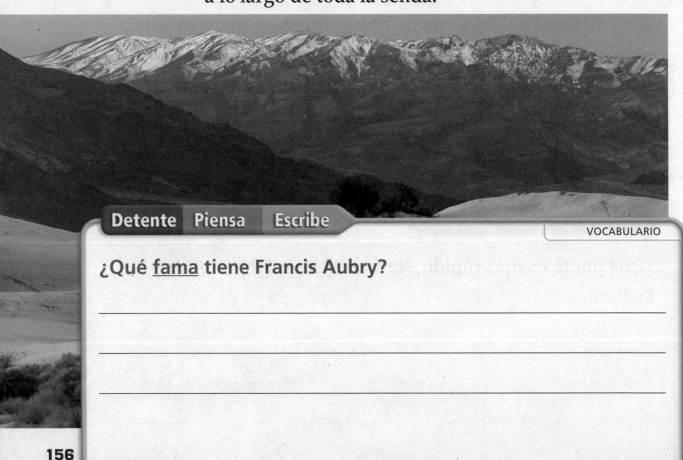

Detente Piensa Escribe

VOCABULARIO

¿Qué <u>fama</u> tiene Francis Aubry?

▲ **Huellas de caravana en el sendero**

Pawnee Rock, Kansas—26 de mayo de 1848

Parecería que estas praderas no fuesen a acabar jamás. Hoy llegué a la mitad del camino. Ahora estoy en la Roca Pawnee.

Muchos viajeros han tallado aquí sus nombres en la roca. No así Aubry. Él nunca perdería el tiempo en esas cosas.

Detente Piensa Escribe

CAUSA Y EFECTO

¿Por qué crees que Aubry no talló su nombre en la Roca Pawnee?

_____

_____

_____

157

Más allá del desierto—1 de junio de 1848

¿Lograré alcanzar a Francis Aubry? He cabalgado y atravesado el desierto. He cruzado varios ríos, pero no he logrado verlo.

Aubry no viaja como las demás personas. Dicen que le basta con dos horas de sueño. Dicen que puede pasar sin comer varios días. Dicen que cabalgó por el barro en medio de una terrible tormenta durante veinticuatro horas. Un comerciante me dijo que todo eso eran historias, ¡pero yo **defendí** a Aubry! Sé lo rápido que se mueve. ¡Yo sé lo difícil que es alcanzarlo!

Detente   Piensa   Escribe

VOCABULARIO

¿Por qué crees que el reportero <u>defendió</u> a Aubry?

_____

_____

_____

Santa Fe, Nuevo México—3 de junio de 1848

Por fin he conocido a Francis Aubry. Incluso estreché su mano. No es para nada un hombre grande. Pero es fuerte y se lo ve lleno de energía. Podría haber hablado con él durante todo el día, pero Aubry andaba con prisa. Tenía que reunirse con unos comerciantes. Así que me tengo que contentar con esa breve conversación. Todavía no puedo creer que apenas fuera un día más lento que él.

Una vez que haya pasado el calor del verano, Aubry volverá a intentar batir el récord. Su objetivo es recorrer la senda en solo seis días. Yo estoy **satisfecho** y considero que Aubry lo puede lograr. Aun así, ¡800 millas son muchas millas para recorrer en menos de una semana!

Detente   Piensa   Escribe

COMPARAR Y CONTRASTAR

¿Quién dispone de más tiempo para hablar, Nathan Mott o Francis Aubry? Explica tu respuesta.

_____

_____

_____

A caballo con Aubry

Vida y muerte

Francis Aubry nació en 1824 en Quebec, Canadá. Murió en Nuevo México a la edad de veintinueve años.

¿A qué velocidad van?

Carromato	Caballo
2 millas por hora	20 millas por hora
15–20 millas al día	50 millas o más

El viaje más rápido de todos

Francis Aubry batió su propio récord el 12 de septiembre de 1848. De Santa Fe a Independence:

780 millas en 5 días y 16 horas.

Detente Piensa Escribe

COMPARAR Y CONTRASTAR

¿En qué es más rápido viajar, en carromato o a caballo? Explica tu respuesta.

_____

_____

_____

Vuelve a leer y responde

1 ¿En qué se diferencian Nathan Mott y Francis Aubry?

_____

_____

_____

Pista

Busca pistas en las páginas 156, 158 y 159.

2 ¿En qué se asemejan el viaje de Mott y el viaje de Aubry?

_____

_____

_____

Pista

Busca pistas en la página 156.

3 ¿Cómo describirías a Aubry?

_____

_____

_____

Pista

Busca pistas en las páginas 158 y 159.

4 El viaje relatado en el cuento, ¿es más rápido o más lento que el viaje de seis días que Aubry espera realizar después del verano? Explícalo.

_____

_____

_____

Pista

Mira las fechas en las páginas 155 y 159.

¡Hazte un detective de la lectura!

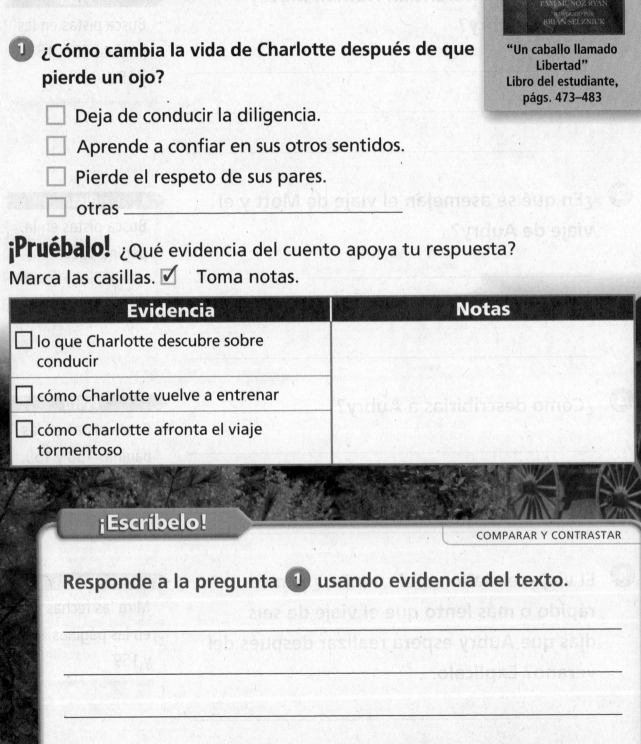

Vuelve a

"Un caballo llamado Libertad"
Libro del estudiante, págs. 473–483

1 ¿Cómo cambia la vida de Charlotte después de que pierde un ojo?

☐ Deja de conducir la diligencia.

☐ Aprende a confiar en sus otros sentidos.

☐ Pierde el respeto de sus pares.

☐ otras _____

¡Pruébalo! ¿Qué evidencia del cuento apoya tu respuesta?
Marca las casillas. ☑ Toma notas.

Evidencia	Notas
☐ lo que Charlotte descubre sobre conducir	
☐ cómo Charlotte vuelve a entrenar	
☐ cómo Charlotte afronta el viaje tormentoso	

¡Escríbelo!

COMPARAR Y CONTRASTAR

Responde a la pregunta 1 usando evidencia del texto.

_____

_____

_____

_____

_____

2 **¿Qué respuesta es verdadera con respecto a Charlotte?**

☐ Charlotte depende mucho de los demás.

☐ Charlotte se esfuerza para conseguir lo que quiere.

☐ Charlotte le tiene miedo a los cambios.

☐ otra _____

¡Pruébalo! ¿Qué evidencia del cuento apoya tu respuesta?
Marca las casillas. ☑ Toma notas.

Evidencia	Notas
☐ cómo reacciona Charlotte a su accidente	
☐ el trato que hace Charlotte	
☐ lo que hace Charlotte durante la tormenta	
☐	

¡Escríbelo!

Responde a la pregunta **2** **usando evidencia del texto.**

_____

_____

_____

_____

_____

_____

confianza
adopción
pacientemente
realizar
recompensar

Monos

A veces, en los circos puedes ver una función en la que un mono **realiza** trucos. El mono actúa como un pequeño payaso. ¡Realiza trucos que nos hacen reír!

Muchos monos viven en zoológicos con otros monos. También hay monos que viven con personas en casas de **adopción**. Los monos pasan a formar parte de la familia.

Los monos pueden imitar lo que ven. Puedes enseñarle a un mono a dar la mano, aunque tendrás que esperar **pacientemente**. No obstante, el mono pronto aprenderá a hacerlo.

A los monos les encanta la fruta. Es por eso que la gente los **recompensa** dándoles uvas o naranjas cuando hacen algo bien. Y, por supuesto, ¡ningún mono rechazará jamás una banana!

A algunos monos diminutos se los adiestra para ayudar a ciertas personas. La gente tiene **confianza** en que los monos harán bien las cosas que se les pida que hagan.

1 La gente les da a los monos uvas o naranjas cuando los quiere _____ por haber hecho algo bien.

2 Algunos monos viven con personas en casas de _____.

3 En los circos puedes ver una función en la que un mono _____ trucos que nos hacen reír.

4 ¿En qué situación debe uno esperar <u>pacientemente</u>?

_____

_____

_____

5 ¿Qué se puede hacer para que alguien tenga <u>confianza</u> en sí mismo?

_____

_____

_____

Cosas de monos

por Shirley Granahan

¿Qué haces tú si se te cae algo al suelo? Lo recoges, ¿verdad? Pero, ¿qué pasaría si no pudieras hacerlo por ti mismo? ¿Quién podría echarte una mano? A veces, lo creas o no, ¡podría ayudarte un mono!

Detente   Piensa   Escribe

INFERIR Y PREDECIR

¿En qué situación no estarías en condiciones de recoger algo?

_____

_____

_____

Manos amigas

Hay personas que no pueden mover los brazos o las piernas. Algunos monos son capaces de aprender a ayudar a estas personas. Pueden recoger cosas, abrir puertas, encender y apagar luces. ¡Incluso pueden dar de comer a una persona!

El minúsculo mono capuchino es un buen ayudante. Es tan pequeño que puede sentarse en el hombro de un ser humano, por lo que también puede meterse en sitios muy pequeños. De esta forma, **realiza** muchas tareas para la persona que necesita ayuda.

Detente Piensa Escribe

VOCABULARIO

El mono <u>realiza</u> muchas tareas. ¿Cuál sería la más útil para ti?

_____

_____

_____

Crecer con seres humanos

¿Cómo aprende un mono a ayudar a las personas? En primer lugar, debe estar acostumbrado a vivir con gente. Por eso, cuando el mono cumple dos meses de vida, pasa a vivir con su familia humana de **adopción**.

Al principio, el bebé mono solo puede tomar biberones. Luego le salen los dientes, por lo que ya puede comer alimentos para monos. También puede comer trocitos de naranjas y uvas. A los monos jóvenes les encanta jugar y salir con la familia. ¡Incluso les encanta que los abracen!

Detente Piensa Escribe

SECUENCIA DE SUCESOS

¿Qué cambia cuando al bebé mono le salen los dientes?

_____

_____

_____

Escuela para monos

El mono vive con su familia de adopción durante unos cuatro años. Luego, ¡le toca ir a la escuela!

En la escuela le enseñan a seguir órdenes. Algunos monos aprenden muy rápido, aunque a otros les toma más tiempo. Los maestros trabajan **pacientemente** con cada animal.

Los monos trabajan mucho en la escuela. ¡Pero también tienen tiempo para hacer el mono y divertirse!

Detente   Piensa   Escribe

VOCABULARIO

¿Por qué es importante trabajar pacientemente cuando hay que enseñar algo nuevo?

_____

_____

_____

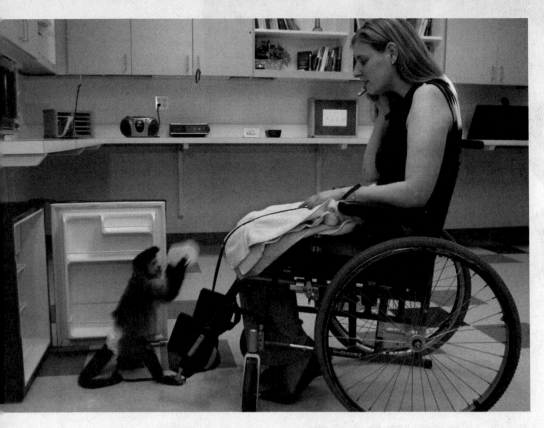

Los monos pueden aprender a llevarle cosas a la gente. El maestro apunta hacia algo con un palo que tiene una luz incorporada. Cuando en un objeto aparece un punto de luz roja, eso indica que el mono debe agarrarlo y llevarlo al maestro.

Si el mono lo hace bien, el maestro lo **recompensa** con algún bocado delicioso. Poco después, el mono aprende a detectar el punto cada vez que aparece, y a llevar el objeto ¡incluso sin recibir recompensa!

Detente Piensa Escribe

SECUENCIA DE SUCESOS

¿Qué tiene que hacer el mono antes para <u>ser recompensado</u>?

_____

_____

_____

A trabajar

Luego, el maestro lleva al mono a su nuevo hogar. A partir de entonces, el mono y su dueño aprenden a convivir y a trabajar juntos.

El mono hace muchas cosas para facilitar la vida de la persona. La persona, por su parte, alimenta y cuida de su peludo amigo. La persona tiene **confianza** en que el mono estará siempre allí para ayudar, mientras que el mono tendrá a alguien a quien abrazar durante muchos años.

Detente Piensa Escribe

INFERIR Y PREDECIR

¿Quién sale más beneficiado de esta relación, la persona o el mono? ¿Por qué?

_____

_____

_____

169

Ayudantes diminutos

Un dedo importante

La mayoría de los animales no tienen pulgar. ¡Pero los monos sí! El pulgar ayuda al mono a realizar muchas tareas. El mono incluso puede abrir una botella.

Monos, grandes y pequeños

Los monos capuchinos son muy pequeños. Otros tipos de monos son más grandes. Los mandriles son los monos más grandes, pero estos no se emplean para ayudar a las personas.

Tareas que puede realizar un mono

- peinar a alguien
- poner una pajita en un vaso
- poner un CD en el reproductor
- llamar por teléfono al 911

Detente   Piensa   Escribe

CAUSA Y EFECTO

¿Por qué no pueden los perros <u>realizar</u> las tareas que pueden los monos?

_____

_____

_____

Vuelve a leer y responde

1 ¿Por qué necesitan algunas personas la ayuda de un mono?

Pista

Busca pistas en la página 165.

_____

_____

_____

2 ¿Dónde vive el mono antes de ir a la escuela?

Pista

Busca pistas en la página 166.

_____

_____

3 ¿Qué pasa con el mono una vez que ha vivido cuatro años con su familia de adopción?

Pista

Busca pistas en la página 167.

_____

_____

4 ¿Qué otros tipos de tareas crees que podría realizar un mono para ayudar a las personas?

Pista

Piensa en ocasiones en que necesitaste que te echaran una mano.

_____

_____

_____

¡Hazte un detective de la lectura!

"El trabajo de Ivo: De perro de servicio a perro guía"
Libro del estudiante, págs. 501–511

1 **¿En qué orden aprende Ivo las destrezas?**

☐ desobedecer, recuperar las llaves, encender la luz

☐ recuperar las llaves, desobedecer, encender la luz

☐ recuperar las llaves, encender la luz, desobedecer

☐ encender la luz, desobedecer, recuperar las llaves

¡Pruébalo! ¿Qué evidencia del texto apoya tu respuesta?
Marca las casillas. ☑ Toma notas.

Evidencia	Notas
☐ las fotografías	
☐ detalles sobre los criadores de cachorros	
☐ detalles sobre el salón de clases de Sandy	
☐ detalles sobre el entrenamiento de los perros de servicio	

¡Escríbelo!

SECUENCIA DE SUCESOS

Responde a la pregunta 1 usando evidencia del texto.

_____

_____

_____

_____

_____

2 **¿Qué te dicen las fotografías y las leyendas sobre Ivo?**

☐ lo que aprende a hacer

☐ el aspecto que tiene

☐ cómo se comporta con otros perros

☐ otras _____

¡Pruébalo! ¿Qué evidencia de la selección apoya tu respuesta? Marca las casillas. ☑ Toma notas.

Evidencia	Notas
☐ Ivo recoge las llaves.	
☐ Ivo baja del autobús.	
☐ Ivo camina con un arnés.	
☐	

¡Escríbelo!

CARACTERÍSTICAS DEL TEXTO Y DE LOS ELEMENTOS GRÁFICOS

Responde a la pregunta 2 usando evidencia del texto.

_____

_____

_____

_____

_____

_____

_____

171B

Héroes de cuentos antiguos

✓ **VOCABULARIO CLAVE**

presumir

cesar

idear

ingenioso

desgracia

1 Los cuentos antiguos a menudo nos hablan de un héroe. Un héroe suele ser **ingenioso**. Usan el pensamiento rápido para salir de situaciones peligrosas.

¿Cómo sería otra forma de decir ingenioso?

_____

_____

2 Los héroes suelen enfrentar enemigos. En un cuento, un héroe logró **idear** una manera de impedir que un monstruo lo transformara en piedra. Usó un escudo de metal brilloso como un espejo. ¡Fue el monstruo quien se convirtió en piedra!

¿Alguna vez lograste idear un plan para solucionar un problema? ¿Cómo lo hiciste?

_____

_____

3 A veces, una **desgracia** le ocurre a un héroe. El héroe puede ser lastimado o capturado. Pero los héroes no se rinden.

¿Si conocieras un héroe en la vida real, esto te haría gracia o sería una <u>desgracia</u>? ¿Por qué?

_____

_____

4 En los cuentos antiguos, los héroes **presumían** de sus proezas. Podrían hacerlo para asustar a un enemigo o para demostrar que se les podía confiar una gran responsabilidad, ¡como la de pelear contra un monstruo!

¿Qué harías si alguien que conoces <u>presumiera</u> todo el tiempo?

_____

_____

5 Un héroe muchas veces debe proteger un reino. Cuando el peligro ha **cesado**, el héroe puede continuar con otras aventuras.

¿Cómo te sientes cuando algo atemorizante o molesto ha <u>cesado</u>?

_____

_____

Los viajes de Odiseo

BASADO EN LA MITOLOGÍA GRIEGA

adaptado por Judy Rosenbaum

Miles de años atrás, la gente comenzó a contar cuentos sobre una gran guerra. En estas historias, Grecia peleaba una guerra contra la ciudad de Troya. Después de 10 años de guerra, los griegos ganaron. Luego zarparon con sus pequeños barcos de madera hacia sus hogares.

Odiseo fue un hombre importante dentro de la milicia griega. Odiseo y sus hombres se enfrentaron a muchos extraños enemigos durante su largo camino de regreso a casa. Algunos eran gigantes. Otros tenían súper poderes. Al menos uno era un dios.

Detente Piensa Escribe

ESTRUCTURA DEL CUENTO

Terminada la guerra, ¿qué querían hacer Odiseo y sus hombres?

_____

_____

_____

Odiseo y sus hombres desembarcaron en una isla. No sabían que un cíclope habitaba en la isla. Un cíclope es un gigante con un solo ojo que se alimenta de seres humanos. Este cíclope se llamaba Polifemo. Polifemo encerró a los hombres en una cueva y mató a alguno de ellos.

Pero Odiseo era muy **ingenioso**. Divisó un palo de madera. Esperó a que el cíclope se durmiera y lo atacó con el palo. Lastimó el único ojo del gigante.

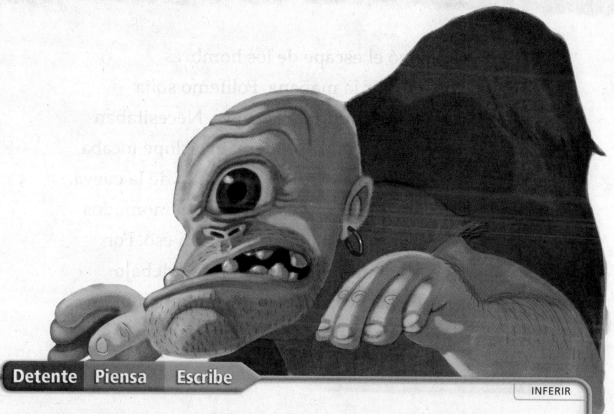

Detente Piensa Escribe

INFERIR

¿Cómo se sintieron probablemente Odiseo y sus hombres en la cueva?

_____

_____

_____

Odiseo planeó el escape de los hombres cuidadosamente. Por la mañana, Polifemo solía sacar a sus ovejas gigantes de la cueva. Necesitaban alimentarse del pasto en la pradera. El cíclope tocaba el lomo de cada oveja a medida que salían de la cueva. Se aseguraba que los hombres no salieran montados en ellas. Pero Odiseo ya había pensado en eso. Por eso, hizo que los hombres se colgaran por debajo de las panzas de las ovejas. Polifemo no pudo darse cuenta de que los hombres se estaban escapando.

Detente **Piensa** **Escribe**

INFERIR

¿Por qué los hombres hacían todo lo que Odiseo les decía?

_____

_____

_____

Odiseo cometió un gran error. Mientras su barco se alejaba a salvo, **presumió** enormemente de haber podido engañar al cíclope. Gritó su propio nombre mientras presumía. Polifemo era el hijo de Poseidón, el dios de los mares. Esto fue una gran **desgracia** para Odiseo. El dios de los mares prometió hacerlo sufrir. Odiseo tendría un largo y complicado regreso a casa.

Detente Piensa Escribe

VOCABULARIO

¿Por qué fue una <u>desgracia</u> que Poseidón se convirtiera en el enemigo de Odiseo?

_____

_____

_____

La isla de las sirenas se hallaba cerca. Estos seres tenían una bellísima voz. Nadie podía resistirse a su canto. Los marineros terminaban dirigiéndose hacia esa isla. Luego sus barcos chocaban contra las rocas.

Odiseo **ideó** un plan. Les dio a sus hombres tapones de cera. Pero Odiseo no usó esos tapones de cera. Él quería escuchar a las sirenas. Hizo que sus hombres lo ataran a un mástil.

Las sirenas cantaban. Los hombres no prestaban atención. Pero la música atrapó a Odiseo. Afortunadamente, él estaba atado fuertemente. No lo desataron hasta que la música **cesó**.

Detente **Piensa** **Escribe**

VOCABULARIO

¿De qué otra forma se puede decir cesar?

_____

_____

_____

El barco atravesaba un estrecho en el mar.
Empinados acantilados los acorralaban por los
costados. Cerca de un acantilado había un remolino.
Un monstruo los esperaba sentado al lado del
remolino. El monstruo tenía seis cabezas.

Odiseo tenía que elegir. ¿Navegaba más cerca
del remolino o más cerca del monstruo? Decidió que
el monstruo solo podía matar a unos pocos hombres.
En cambio el remolino arrastraría la nave entera,
ahogando a todos. Decidió navegar más cerca del
monstruo. Murieron seis hombres, pero el resto
quedó a salvo.

Detente Piensa Escribe

CONCLUSIONES

¿Crees que Odiseo tomó la decisión correcta? ¿Por qué sí o por qué no?

_____

_____

_____

Odiseo logró llegar a su casa en Grecia. Aun así
Poseidón, el dios de los mares, se salió con la suya.
Odiseo perdió a todos sus hombres en un naufragio.
Estuvo atrapado en una isla durante años. Le llevó
diez largos años regresar a su hogar.

El poema *La Odisea* cuenta la historia de este
viaje. El poema probablemente fue escrito hace más
de 2,500 años. Hoy en día la palabra *odisea* significa
un largo viaje con muchas aventuras.

Detente Piensa Escribe

CONCLUSIONES

**¿Por qué crees que la historia de Odiseo ha perdurado por
tanto tiempo?**

_____

_____

_____

Vuelve a leer y responde

1 ¿Cuál era el objetivo principal de Odiseo y sus hombres una vez terminada la guerra?

Pista

Busca pistas en la página 174.

_____

_____

2 ¿Qué tres desafíos tuvieron que enfrentar Odiseo y sus hombres durante el viaje?

Pista

Busca pistas en las páginas 175 a 179.

_____

_____

_____

3 ¿Por qué Poseidón quiso castigar a Odiseo?

Pista

Busca pistas en la página 177.

_____

_____

_____

4 ¿Por qué era tan peligroso escuchar el canto de las sirenas?

Pista

Busca pistas en la página 178.

_____

_____

_____

_____

¡Hazte un detective de la lectura!

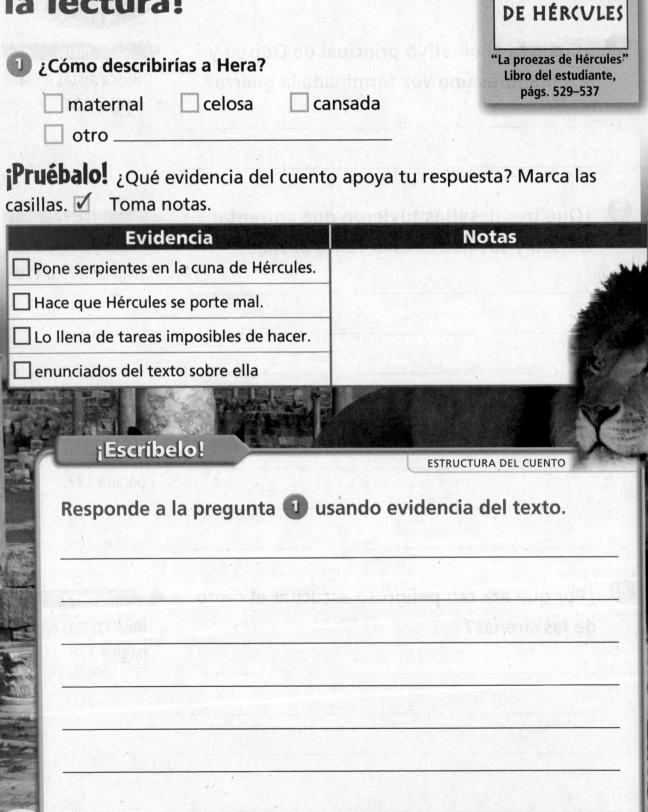

Vuelve a

LAS PROEZAS DE HÉRCULES

"La proezas de Hércules"
Libro del estudiante,
págs. 529–537

1 **¿Cómo describirías a Hera?**

☐ maternal   ☐ celosa   ☐ cansada

☐ otro _____

¡Pruébalo! ¿Qué evidencia del cuento apoya tu respuesta? Marca las casillas. ☑ Toma notas.

Evidencia	Notas
☐ Pone serpientes en la cuna de Hércules.	
☐ Hace que Hércules se porte mal.	
☐ Lo llena de tareas imposibles de hacer.	
☐ enunciados del texto sobre ella	

¡Escríbelo!

ESTRUCTURA DEL CUENTO

Responde a la pregunta **1** usando evidencia del texto.

_____

_____

_____

_____

_____

_____

_____

2 ¿En qué se parecen Zeus y Hera?

- ☐ Ambos quieren a Hércules.
- ☐ Ambos son felices.
- ☐ Ambos son poderosos.
- ☐ otra _____

¡Pruébalo! ¿Qué evidencia del cuento apoya tu respuesta?
Marca las casillas. ☑ Toma notas.

Evidencia	Notas
☐ descripciones de Zeus y Hera	
☐ las acciones de Hera	
☐ las acciones de Zeus	
☐	

¡Escríbelo!

Responde a la pregunta **2** usando información del texto.

_____

_____

_____

_____

_____

_____

La esclavitud

✓ **VOCABULARIO CLAVE**

**conflicto
dedicar
publicidad
superar
violencia**

1 Los **conflictos** pueden producir guerras. Los desacuerdos entre el Norte y el Sur respecto a la esclavitud condujeron a la Guerra Civil.

¿Qué palabra en este párrafo te ayuda a comprender el significado de <u>conflictos</u>?

_____

2 A los esclavos se los solía tratar de forma cruel y con **violencia**.

¿Qué resultados puede ocasionar la <u>violencia</u>? Explica tu respuesta.

_____

_____

_____

3 Algunas personas decidieron **dedicar** su tiempo a acabar con la esclavitud. Arriesgaron su vida para ayudar a los escapados a lograr su libertad.

¿Qué hace uno cuando decide <u>dedicar</u> su tiempo a algo?

_____

_____

_____

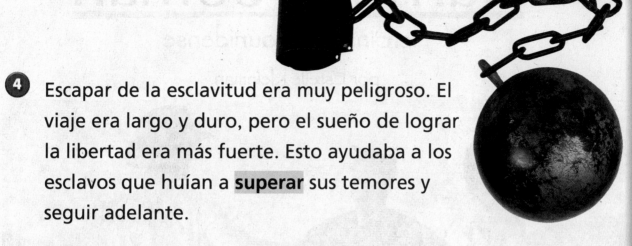

4 Escapar de la esclavitud era muy peligroso. El viaje era largo y duro, pero el sueño de lograr la libertad era más fuerte. Esto ayudaba a los esclavos que huían a **superar** sus temores y seguir adelante.

¿Por qué crees que es importante superar tus temores?

_____

_____

_____

5 Muchas personas del Norte estaban en contra de la esclavitud. Criticaban, pronunciaban discursos y escribían artículos periodísticos en su contra. Esta **publicidad** ayudó a educar a los estadounidenses sobre la crueldad de la esclavitud.

¿De qué dos formas se puede difundir la publicidad?

_____

_____

_____

Harriet Tubman

Heroína estadounidense

por Estelle Kleinman

Primeros años de vida

Harriet Tubman nació en Maryland hacia 1820. Sus padres eran esclavos y, cuando Harriet tenía cinco años, la pusieron a trabajar. Primero trabajó como sirvienta de casa y luego en los campos.

Un día, el jefe encargado de la supervisión se enfadó con uno de los trabajadores del campo. Harriet se interpuso entre los dos y el cruel jefe le lanzó un objeto pesado que le golpeó la cabeza. El uso de ese tipo de **violencia** era habitual contra los esclavos. El golpe causaría problemas a Harriet para el resto de su vida.

Detente   Piensa   Escribe   PERSUADIR

¿Qué quiere la autora que pienses sobre el jefe? ¿Cómo lo sabes?

_____

_____

_____

Una huida audaz

Un día, cuando Harriet tenía treinta y dos años, recibió muy malas noticias. Iba a ser vendida a un nuevo dueño, lo que significaba que tendría que dejar a su familia. En ese momento, Harriet decidió escaparse.

Harriet conoció a una simpática mujer blanca que la escondió en una casa franca, un lugar secreto y seguro. Luego, escondida en un carro, fue llevada a otra casa, y así sucesivamente hasta lograr su libertad al llegar a Pensilvania.

Detente Piensa Escribe

CONCLUSIONES Y GENERALIZACIONES

¿Qué hizo que Harriet Tubman quisiera huir de la esclavitud?

_____

_____

_____

185

El ferrocarril subterráneo

Harriet quería **dedicar** su vida a ayudar a otras personas a escapar de la esclavitud. Se enteró de que muchos escapados habían logrado su libertad de la misma forma que ella. A la ruta de casas francas se la llamó El ferrocarril subterráneo. No tenía trenes ni vías. A los esclavos que huían se los llamaba pasajeros. La persona que ayudaba a los esclavos a escapar era el conductor.

Harriet regresó para liberar a su familia. Poco después, condujo a sus padres hacia el norte y su libertad en Canadá.

En ese momento, sus padres tenían setenta años.

Detente **Piensa** **Escribe**

VOCABULARIO

¿Por qué crees que Harriet se quería <u>dedicar</u> a ayudar a escapar a los esclavos?

_____

_____

_____

Un viaje difícil

Harriet era muy buena conductora. Tanto, que los cazadores de esclavos empezaron a colgar carteles en los que se prometía pagar hasta $40,000 a cualquiera que la entregase. Pero ni eso detuvo a la valiente conductora.

Harriet realizó diecinueve viajes para liberar a esclavos. Siempre había retos que **superar**, pues tenían que cruzar ciénagas, bosques y montañas. Tenían que pasar por caminos aislados durante la noche. La herida que tenía Harriet en la cabeza la hacía quedarse dormida de repente, por lo que sus pasajeros tenían que despertarla para seguir adelante.

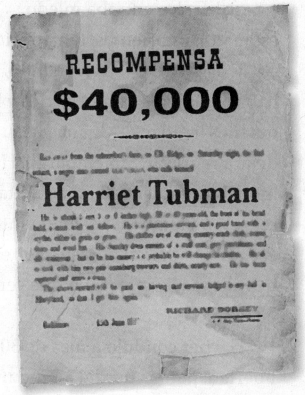

RECOMPENSA
$40,000

Harriet Tubman

Detente Piensa Escribe

VOCABULARIO

¿Qué dos retos tenían que <u>superar</u> Harriet y sus pasajeros?

_____

_____

_____

Una gran líder

A veces, a los esclavos que escapaban les entraba miedo, estaban hambrientos, tenían frío, se cansaban. De vez en cuando, había **conflictos** entre Harriet y las personas a quienes ayudaba. Algunas le suplicaban que las dejara regresar. Sin embargo, Harriet tenía una regla inquebrantable: no había vuelta atrás. Si dejaba regresar a alguien, posiblemente los cazadores de esclavos hallarían al resto. Por eso, a las personas que dirigía les prometía que serían libres o morirían en el intento.

Harriet condujo a más de 300 esclavos hasta su libertad. ¡Jamás perdió a ninguno de sus pasajeros!

Detente   Piensa   Escribe

CONCLUSIONES Y GENERALIZACIONES

¿Por qué crees que Harriet nunca perdió ningún pasajero?

_____

_____

_____

La Guerra Civil

La Guerra Civil comenzó en 1860. Harriet siguió ayudando, trabajando como enfermera para el Norte. Cuando los soldados enfermaban, hacía un té especial que los ayudaba a curarse.

Harriet también hizo de espía para el Norte. En su papel de conductora se había familiarizado con el terreno del Sur. De esa forma, fue capaz de seguir los movimientos de las tropas sureñas. Luego, informaba al Norte sobre lo que había visto.

Detente   Piensa   Escribe

IDEA PRINCIPAL Y DETALLES

¿De qué dos maneras ayudó Harriet al Norte durante la Guerra Civil?

_____

_____

_____

Vida posterior

Tras la guerra, Harriet se mudó a Nueva York y, en 1908, construyó un hogar para gente pobre y mayor.

Con el paso del tiempo, Harriet comenzó a recibir **publicidad** por el tiempo que dedicó a ayudar a los demás. Entonces muchas personas empezaron a conocer los detalles de la valiente mujer que había escapado de la esclavitud.

Harriet Tubman murió en 1913, aunque nunca ha sido olvidada. En 1944 se bautizó un barco con su nombre. En 1955 se diseñó una estampilla para honrar a esta gran heroína estadounidense.

Detente Piensa Escribe

INFERIR Y PREDECIR

¿Qué palabras expresan qué siente la autora por Harriet Tubman?

Vuelve a leer y responde

1 ¿Qué opinión quiere la autora que tengan los lectores sobre Harriet Tubman? ¿Por qué piensas eso?

Pista

Busca pistas en las páginas 184, 186 y 190.

_____

_____

_____

2 Cuando los esclavos que huían se atemorizaban, ¿cómo los persuadía Harriet para que no regresaran?

Pista

Busca pistas en la página 188.

_____

_____

_____

3 ¿Qué palabras usarías para describir a Harriet? Explica tu respuesta.

Pista

Pensar en los logros de Harriet te ayudará a responder.

_____

_____

_____

¡Hazte un detective de la lectura!

Vuelve a

"Cosechando esperanza: La historia de César Chávez"
Libro del estudiante,
págs. 561–571

1 ¿Qué generalización puedes hacer sobre los campesinos migrantes cuando Chávez era un niño?

☐ No recibían un buen trato.

☐ Estaban bien organizados.

☐ otras _____

¡Pruébalo! ¿Qué evidencia de la selección apoya tu respuesta?

Marca las casillas. ☑   Toma notas.

Evidencia	Notas
☐ las ilustraciones	
☐ lo que pensaban, decían y hacían los campesinos	
☐ detalles sobre la vida de los campesinos migrantes	
☐	

¡Escríbelo!

CONCLUSIONES Y GENERALIZACIONES

Responde a la pregunta **1** usando evidencia del texto.

_____

_____

_____

_____

_____

_____

2 **¿Cuál es la idea principal de las páginas 566 y 567?**

☐ Chávez dejó de cosechar fruta.

☐ Chávez se convirtió en un organizador.

☐ Chávez se sintió avergonzado en su primera reunión.

☐ otra _____

¡Pruébalo! ¿Qué evidencia de la selección apoya tu respuesta? Marca las casillas. ☑ Toma notas.

Evidencia	Notas
☐ las ilustraciones	
☐ detalles sobre lo que pensaba y decía Chávez	
☐ detalles sobre lo que hacía Chávez	
☐	

¡Escríbelo!

Responde a la pregunta 2 usando evidencia del texto.

_____

_____

_____

_____

_____

_____

acompañar

provisiones

ruta

tarea

territorio

La exploración del Oeste

1804

Thomas Jefferson encarga a un grupo de personas que busquen un camino del Este al Oeste de los Estados Unidos. El presidente paga las **①** _____ que necesitarán para el viaje. Con ello, espera que más gente decida trasladarse al Oeste.

1841

El primer carromato sale de Misuri hacia California. Cuarenta y siete personas llevan animales de granja que las van a **②** _____ en su trayecto. Los viajeros planean construir sus hogares en el Oeste.

1842

Cada vez es mayor el número de personas que dejan sus hogares en el Este. Estas personas se dirigen hacia nuevos

3 _____ en el Oeste.

1860

El Pony Express lleva el correo por una

4 _____ desde Misuri hasta California. Los muchachos encargados llevan los caballos a todo galope, por lo que cambian de caballo cada diez o quince millas.

1869

John Powell y su equipo salen a explorar uno de los ríos desconocidos del Oeste. La principal

5 _____ de Powell era garantizar la seguridad de su equipo.

La conquista del gran río Colorado

por Shirley Granahan

En mayo de 1869, el Comandante John Wesley Powell y su equipo de nueve hombres se prepararon para hacer un viaje. Iban a llevar cuatro botes para navegar por el río Green, en el actual estado de Wyoming. Una vez allí, descenderían por el gran río Colorado.

Las rápidas aguas del Colorado eran muy peligrosas, razón por la cual nadie había realizado antes semejante viaje. Powell sabía que no resultaría fácil, pero aun así iba a tratar de realizarlo.

Detente   Piensa   Escribe

IDEA PRINCIPAL Y DETALLES

¿Dónde pensaban ir Powell y su equipo?

Un hombre valiente

Powell no tenía miedo. Se había enfrentado a muchos peligros anteriormente, incluso había perdido un brazo durante la Guerra Civil. Powell no solo era un valiente soldado, sino que, además, era científico. Su amor por la ciencia lo llevó a explorar el Colorado.

Los hombres lanzaron los botes al agua y, junto con Powell, iniciaron la travesía. Powell se sentía contento de haber escogido hombres valientes y fuertes para **acompañarlo**. Presentía que en algún momento del viaje necesitaría que lo fueran.

Detente Piensa Escribe

VOCABULARIO

¿Por qué era importante para Powell escoger hombres valientes y fuertes para <u>acompañarlo</u>?

_____

_____

_____

195

Por el camino apenas encontraron algún pueblo. Aunque el equipo llevaba **provisiones**, de vez en cuando se detenían para pescar o cazar. El viaje no estaba siendo difícil hasta el momento, por lo que ninguno pudo imaginar lo que les esperaba más adelante.

Durante las primeras semanas, el equipo navegó por el río Green, que desemboca en el Colorado. Powell tomaba minuciosas notas todas las noches en su diario, donde hablaba de las frondosas colinas rojas del **territorio** que atravesaban y de los colores que veía durante las puestas de sol.

Detente **Piensa** **Escribe**

VOCABULARIO

¿Qué tipo de <u>provisiones</u> podrían haber llevado los hombres?

Por el cauce del río

El aspecto del terreno cambiaba a medida que iban descendiendo por el río. Powell comenzó a ver ovejas por las inclinadas laderas de las montañas. Más adelante, pudo ver montones de alces alimentándose en las grandes praderas.

A veces, el descenso por la **ruta** que habían tomado resultaba de lo más sencillo. Pero otras veces, las rápidas aguas amenazaban con tumbar los botes. Las rocas también representaban un grave peligro. Un día, mientras descendían por el río, Powell divisó una catarata más adelante en su camino.

—¡Cuidado! —les gritó a los otros.

Detente Piensa Escribe

IDEA PRINCIPAL Y DETALLES

Describe un cambio que se produjo en el terreno a medida que el equipo viajaba por el río.

_____

_____

_____

Pero el aviso llegó demasiado tarde. Uno de los botes cayó por las cataratas y se partió sobre las rocas. Los hombres y las provisiones de la embarcación cayeron al agua. El río se llevó la mayor parte de las provisiones, mientras que dos de los hombres nadaron hacia una pequeña isla. Mientras tanto, el tercer hombre permanecía sujeto a una roca en mitad de las aguas.

El equipo de Powell rescató, primero, al hombre asido a la roca y luego a los dos que habían quedado en la isla.

Al día siguiente, uno de los hombres le comunicó a Powell que abandonaba la expedición. Pero el resto se montó en los tres botes restantes y continuó el viaje. No se iban a rendir. Sentían que la expedición era una **tarea** que tenían la obligación de cumplir.

Detente Piensa Escribe

¿Por qué abandonó uno de los hombres el equipo?

¡Adelante!

Poco después llegaron al lugar donde el río Green se une al río Colorado. Allí se detuvieron para reparar los botes y descansar un poco. Luego, prosiguieron por el Colorado.

Empezaron a hallar mayor número de rápidos de los que esperaban, lugares donde las veloces aguas sacudían los minúsculos botes. A veces, las aguas resultaban demasiado violentas, por lo que tenían que desembarcar y caminar por la orilla. Una vez allí, tenían que arrastrar los botes con cuerdas a través de las aguas. Otras veces, incluso debían cargar los botes y transportarlos por tierra.

Detente Piensa Escribe

IDEA PRINCIPAL Y DETALLES

¿Por qué no fueron hasta el final del río con los botes?

_____

_____

_____

Un trabajo bien hecho

Otros tres hombres decidieron abandonar el viaje. Pensaban que era demasiado peligroso continuar, por lo que dejaron la expedición. De esa forma, en el equipo quedó un total de seis miembros.

Apenas dos días después, los seis hombres habían recorrido el Gran Cañón y completado el viaje. Habían recorrido mil millas en menos de cien días.

El viaje de Powell ayudó a los estadounidenses a conocer las tierras del Oeste con mayor detalle. Poco después, empezaron a llegar familias para construir sus hogares a lo largo del gran río Colorado.

Detente **Piensa** **Escribe**

IDEA PRINCIPAL Y DETALLES

¿Cómo ayudó el viaje de Powell al resto de los estadounidenses?

_____

_____

_____

Vuelve a leer y responde

1 ¿Por qué exploró Powell el Colorado?

_____

_____

_____

Pista

Busca pistas en la página 195.

2 ¿Por qué nadie había recorrido el Colorado con anterioridad?

_____

_____

_____

Pista

Busca pistas en la página 194.

3 ¿Fue valiente el equipo de Powell? Explícalo.

_____

_____

_____

Pista

Puedes encontrar pistas a lo largo de todo el cuento.

4 ¿Crees que los hombres que abandonaron a medio camino se arrepintieron de sus decisiones? Explícalo.

_____

_____

_____

Pista

Piensa en cómo Powell y los hombres que llegaron a destino deben de haberse sentido.

¡Hazte un detective de la lectura!

Vuelve a

"Sacagawea"
Libro del estudiante,
págs. 589–603

1 ¿Qué detalles apoyan la idea de que Sacagawea era importante para la expedición?

☐ Rescató las provisiones cuando se volteó uno de los botes.

☐ Fue traductora durante el gran consejo.

☐ El capitán nombró un río en su honor.

☐ otro _____

¡Pruébalo! ¿Qué evidencia de la selección apoya tu respuesta?

Marca las casillas. ☑   Toma notas.

Evidencia	Notas
☐ las ilustraciones	
☐ lo que dijo e hizo Sacagawea	
☐ lo que hicieron los capitanes	
☐	

¡Escríbelo!

IDEAS PRINCIPALES Y DETALLES

Responde a la pregunta **1** usando evidencia del texto.

_____

_____

_____

_____

_____

2 ¿Qué conclusión podrías sacar sobre Sacagawea?

☐ Ella era valiente.

☐ Solo se preocupaba por su hijo.

☐ Les tenía miedo a las cosas nuevas.

☐ otra _____

¡Pruébalo! ¿Qué evidencia de la selección apoya tu respuesta? Marca las casillas. ☑ Toma notas.

Evidencia	Notas
☐ cómo se comportó en una crisis	
☐ cómo se aseguró de que vería el océano	
☐ cómo no dejó que el capitán se llevara a su hijo	
☐	

¡Escríbelo!

CONCLUSIONES Y GENERALIZACIONES

Responde a la pregunta **2** usando evidencia del texto.

_____

_____

_____

_____

_____

_____

✓ **VOCABULARIO CLAVE**

apreciar
enseguida
presentar
proeza
sugerir

Robots

Marca la respuesta correcta.

1 Debemos _____ a los robots porque nos ayudan. Realizan muchas tareas que nos facilitan la vida.

☐ **pedir perdón** ☐ **apreciar** ☐ **retirar**

2 Los robots pueden realizar muchas _____. Los robots pueden ensamblar piezas en una cadena de montaje. Otros robots pueden trabajar en el espacio.

☐ **proezas** ☐ **gracias** ☐ **fiestas**

3 Cuando los robots trabajan, no pierden el tiempo. Pueden hacer un trabajo _____ y satisfactoriamente.

☐ **directamente** ☐ **lamentablemente**
☐ **enseguida**

4 Algunos robots parecen humanos. Pueden hablar y caminar. Incluso se pueden _____ a sí mismos a la gente.

☐ **presentar**   ☐ **acompañar**   ☐ **sugerir**

5 Una vez un hombre estaba escribiendo un relato sobre unos aparatos que imitaban a la gente. No sabía cómo llamarlos y pidió a su hermano que le _____ un nombre. ¿Adivinas la palabra que inventó el hermano? ¡Robot!

☐ **ayudase**   ☐ **rescatara**   ☐ **sugiriese**

6 Escribe sobre alguna vez en que recibiste un regalo que <u>apreciases</u>.

_____

_____

_____

7 ¿Qué dices cuando te <u>presentas</u> a alguien?

_____

_____

_____

El pensamiento del día

por Carol Alexander

Era el cumpleaños de Brian. Tía Pam y Tío Sid le dieron un regalo especial. Era un robot. Brian tenía otros robots en casa, pero este era diferente.

—Este robot puede pensar por ti —explicó Tío Sid—. No tendrás que volver a pensar por ti mismo.

—¡Eso es fantástico! —dijo Brian—. ¿Y cómo hace semejantes **proezas**?

—Dimos al robot todo tipo de datos —contestó Tía Pam—. Sabe tus comidas favoritas y los juegos y libros que te gustan.

Detente Piensa Escribe

VOCABULARIO

¿Qué tipo de <u>proezas</u> podría realizar un robot pensante?

_____

_____

_____

204

—¿Cómo te debería llamar? —preguntó Brian mientras miraba a su nuevo amigo el robot.

—ERDLI me parece un buen nombre —contestó el robot, mientras sus luces emitían destellos—. Eso significa El Robot De Las Ideas. Voy a darte muy buenas ideas.

—¡Desde luego, sí que es inteligente! Gracias, Tío Sid y Tía Pam. No puedo más que **apreciar** este regalo.

Brian se sentía muy afortunado, pues ahora no tendría que pensar nunca más. Alguien se iba a encargar de pensar por él.

Esa tarde, Brian llamó a su amiga Gail.

—Hola, Gail. Ven a mi casa. Te quiero **presentar** a un nuevo amigo.

Detente Piensa Escribe

VOCABULARIO

¿Qué es lo que más apreciaba Brian de su regalo?

_____

_____

_____

Gail llegó poco después.

—Te presento a ERDLI —le dijo Brian a Gail—. Es mi nuevo robot. Mira lo que puede hacer.

Brian se volvió hacia ERDLI.

—Tengo sed. ¿Qué puedo tomar?

—Toma un vaso de jugo de naranja, toma un vaso de jugo —contestó el robot.

Los ojos de Gail se abrieron al máximo.

—¡Caramba! ¡Qué inteligente es!

Brian quería hacerle otra pregunta.

—Tengo una fiesta de cumpleaños el sábado y no sé qué ponerme. ¿Qué **sugieres**?

—¡Ponte la camisa azul claro! ¡Camisa azul! —respondió el robot rápidamente.

Detente Piensa Escribe

CAUSA Y EFECTO

¿Qué les hace pensar a Gail y Brian que el robot es inteligente?

_____

_____

_____

Brian estuvo todo el día haciéndole preguntas a ERDLI. Por su parte, ERDLI respondía a cada una **enseguida**.

—¿A qué debería jugar? —preguntó Brian, por ejemplo.

—Juega a las damas. Yo juego contra ti —contestó ERDLI.

—¡Es increíble! —dijo Gail—. Tu robot sabe jugar a las damas. ¿Pero crees que te dirá cómo ganarle?

—Veamos —dijo Brian.

Mientras tanto, el robot empezó a colocar las damas en el tablero. Terminó de colocarlas sin cometer ningún error. Luego, comenzó a pitar para indicar que estaba listo.

Detente Piensa Escribe

TEMA

¿Consideras que sería divertido jugar con alguien que jamás comete un error? ¿Por qué?

_____

_____

_____

—¿Con qué color juego yo? —preguntó Brian.

—Tú juegas con las fichas rojas y yo con las negras —respondió el robot.

Empezaron a jugar. ERDLI ayudaba a Brian.

—Mueve esta ficha aquí —le dijo el robot mientras señalaba una ficha roja.

ERDLI le indicó a Brian todas las jugadas que debía hacer, por lo que Brian fue el ganador del juego. Por lo visto, al robot no le importaba perder.

—¡Qué bien! —dijo Gail—. Puedes ganar sin tan siquiera tener que esforzarte.

—Así es —dijo Brian suspirando—. Ese es el problema. Ahora resulta aburrido. Vayamos a jugar afuera, Gail.

Detente   Piensa   Escribe

TEMA

¿Por qué considera Brian que el juego de damas es aburrido?

_____

_____

_____

Las luces de ERDLI comenzaron a emitir destellos y parpadeos.

—Vayan al parque con las bicicletas. Vayan al parque con las bicicletas —decía ERDLI.

—¡Ahora no quiero montar en bicicleta! —gritó Brian—. Gail, ¡ya no aguanto a este robot!

Entonces Brian echó una toalla sobre la cabeza de ERDLI. El robot comenzó a pitar, chillar y hacer ruido.

—No nos hará daño, ¿verdad? —dijo Gail con cara de preocupación.

—Toma una camisa azul claro. Ponte un vaso de jugo de naranja. Lee una bicicleta. Ve a montar el libro. Yo soy ERDLI, la ficha en el parque, parque, parque —dijo ERDLI.

Detente   Piensa   Escribe

CAUSA Y EFECTO

¿Qué hace que el robot actúe de forma extraña?

_____

_____

_____

—Quitémosle la batería —dijo Gail.

—¡Sí! —exclamó Brian.

Brian abrió el robot, le quitó la batería y el robot se quedó callado.

—Así está mucho mejor —señaló Gail.

—¡Ni que lo digas! —respondió Brian riéndose. Luego, miró al robot y negó con la cabeza.

—Acabo de aprender una lección. A veces es mejor pensar por ti mismo.

—Ese es el pensamiento del día. —contestó Gail—. Venga, vayamos afuera y juguemos con la pelota.

Detente | Piensa | Escribe

TEMA

¿Qué piensa Gail sobre el robot?

_____

_____

_____

Vuelve a leer y responde

1 ¿Por qué le gusta a Brian el robot al principio?

Pista

Busca pistas en las páginas 204, 205 y 206.

_____

_____

_____

2 ¿Quién es mejor amigo, Gail o el robot? Explícalo.

Pista

Puedes encontrar pistas a lo largo de todo el cuento.

_____

_____

_____

3 ¿Qué aprende Brian en el cuento?

Pista

Busca pistas en las páginas 209 y 210.

_____

_____

_____

4 ¿Crees que Brian volverá a poner en funcionamiento a ERDLI? Explícalo.

Pista

Piensa en lo que pasó en el cuento. Piensa en qué harías tú.

_____

_____

_____

¡Hazte un detective de la lectura!

Vuelve a

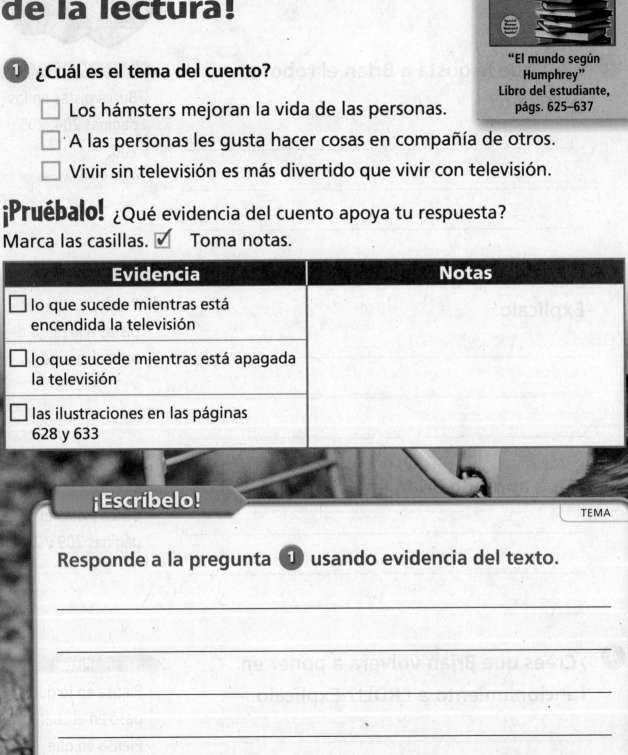

"El mundo según Humphrey"
Libro del estudiante,
págs. 625–637

1 **¿Cuál es el tema del cuento?**

☐ Los hámsters mejoran la vida de las personas.

☐ A las personas les gusta hacer cosas en compañía de otros.

☐ Vivir sin televisión es más divertido que vivir con televisión.

¡Pruébalo! ¿Qué evidencia del cuento apoya tu respuesta?
Marca las casillas. ☑ Toma notas.

Evidencia	Notas
☐ lo que sucede mientras está encendida la televisión	
☐ lo que sucede mientras está apagada la televisión	
☐ las ilustraciones en las páginas 628 y 633	

¡Escríbelo!

TEMA

Responde a la pregunta **1** usando evidencia del texto.

_____

_____

_____

_____

_____

_____

211A

2 **¿Qué adjetivo describe mejor a Humphrey?**

☐ aburrido　　　　☐ relajado

☐ habilidoso　　　☐ gracioso

¡Pruébalo! ¿Qué evidencia del cuento apoya tu respuesta?
Marca las casillas. ☑ Toma notas.

Evidencia	Notas
☐ cómo sale Humphrey de su jaula	
☐ cómo desenchufa Humphrey la televisión	
☐	

¡Escríbelo!

COMPRENDER A LOS PERSONAJES

Responde a la pregunta ② usando evidencia del texto.

_____

_____

_____

_____

_____

_____

_____

✓ **VOCABULARIO CLAVE**

aprobar
candidato
inteligente
negar
política

Cómo cambiar
las leyes

Si a las personas se les **1** _____

un derecho, lo más normal es que pidan cambios

en las leyes. La nueva ley debe ser justa para todos

los ciudadanos.

La gente puede escribir cartas. Puede

llamar a sus representantes y pedir cambios.

Los representantes trabajan con otros y, juntos,

pueden tomar decisiones **2** _____

sobre cómo cambiar las leyes.

Si los legisladores no se ponen de acuerdo, pueden sugerir más cambios. Con un número suficiente que

3 _____ esos cambios, la ley queda modificada.

Hay mucha gente que decide trabajar en **4** _____ para aprobar leyes justas. Los miembros del Congreso aprueban las leyes para todo el país. También elegimos a los representantes locales para que aprueben las leyes de nuestra ciudad o estado.

Las personas que quieren ser elegidas suelen pronunciar discursos para darse a conocer. En los discursos explican sus ideas. Luego, los votantes hacen preguntas a los **5** _____. Más tarde, los votantes eligen a la persona que creen que hará el mejor trabajo.

La obtención del
voto

por Shirley Granahan

¿En qué piensas cuando oyes el nombre de Susan B. Anthony? Algunos piensan en la primera mujer cuya imagen aparece acuñada en una moneda de los Estados Unidos. Otros piensan en la mujer que trató de asegurar que no se les **negara** a las mujeres la igualdad de derechos.

Detente   Piensa   Escribe

¿Qué predices que te contará este relato sobre Susan B. Anthony?

_____

_____

_____

Susan B. Anthony nació en 1820. La vida de una mujer en esa época no era igual a la vida actual. Algunas personas de entonces creían que las muchachas no eran tan **inteligentes** como los muchachos. A las muchachas no se les instaba a aprender o a hablar en la escuela.

Las mujeres no trabajaban fuera de sus hogares. La función de las mujeres era casarse y tener hijos. Su papel consistía en ocuparse del hogar y de su familia.

Detente   Piensa   Escribe

VOCABULARIO

Escribe otra palabra que signifique lo mismo que <u>inteligente</u>.

_____

El padre de Susan B. Anthony era distinto. Él quería que todos sus hijos fueran tratados por igual. Susan tuvo la misma educación, las mismas tareas y los mismos derechos que sus hermanos varones.

Uno de los maestros consideraba que solamente los muchachos necesitaban aprender matemáticas. Por esa razón, no quiso enseñarle a Susan a dividir. Entonces, ¡el padre de Susan la sacó de esa escuela!

Detente   Piensa   Escribe

ESTRUCTURA DEL CUENTO

¿Cómo mostró el padre de Susan que creía en la igualdad de trato de hombres y mujeres?

_____

_____

_____

Susan quería que las mujeres tuviesen los mismos derechos que los hombres. Empezó a contar sus ideas, pero sus discursos comenzaron a enfadar a algunos hombres.

Estos hombres no querían que las mujeres tuviesen los mismos derechos que ellos. Pensaban que la **política**, es decir, el funcionamiento del gobierno, era solo para hombres. ¡No **aprobaban** que las mujeres hablasen sobre ese tipo de cosas!

Detente   Piensa   Escribe

VOCABULARIO

¿Por qué crees que algunos hombres no <u>aprobaban</u> que Susan diera discursos?

_____

_____

_____

Fue por entonces que Susan conoció a Elizabeth Cady Stanton. Elizabeth tenía las mismas firmes ideas sobre los derechos de las mujeres.

En esa época, las mujeres no podían votar en las elecciones a presidente de los Estados Unidos. Susan y Elizabeth querían que las mujeres tuvieran derecho al voto. Elizabeth escribía discursos y Susan los pronunciaba. Aunque había hombres descontentos con lo que hacían Susan y Elizabeth, eso no detuvo a las dos mujeres.

Detente   Piensa   Escribe

CAUSA Y EFECTO

¿Por qué formaban un buen equipo Susan y Elizabeth?

_____

_____

_____

En 1872 se iban a celebrar elecciones a la presidencia de los Estados Unidos. Susan leyó todo lo relacionado con los **candidatos**, pues quería votar a la mejor persona para el cargo. Llegado el día, Susan fue al colegio electoral a votar.

Las personas que estaban allí le dijeron que no podía votar, y no querían dejarla entrar. Pero, al fin, Susan logró entrar y pudo votar. Algunos hombres se enfadaron tanto que hicieron que la arrestaran. Decían que era delito que una mujer votase.

Detente Piensa Escribe

SECUENCIA DE SUCESOS

¿Qué sucedió después de que votara Susan?

_____

_____

_____

Pero eso no detuvo a Susan. De hecho, Elizabeth y ella pensaban que podía ayudarlas con sus planes. Empezaron a organizar marchas y reuniones por todo Estados Unidos.

Con el paso de los años, Susan se enfermó y no pudo seguir dando discursos. Otras mujeres prosiguieron con la lucha y, en 1920, fue aprobada la Decimonovena Enmienda. En ella se daba el derecho al voto a las mujeres. En la actualidad, las mujeres no solo pueden votar, ¡también pueden ser elegidas para cualquier cargo!

Detente Piensa Escribe

CAUSA Y EFECTO

¿Qué sucedió cuando enfermó Susan?

_____

_____

_____

Vuelve a leer y responde

1 ¿En qué se diferencia la vida de las mujeres en la actualidad de las del siglo XIX?

_____

_____

_____

Pista

Busca pistas en la página 215.

2 ¿Cómo contribuyó Susan a cambiar las leyes sobre el voto?

_____

_____

_____

Pista

Busca pistas en cada página, de la 217 en adelante.

3 ¿Qué efecto tuvo en Susan su arresto?

_____

_____

_____

Pista

Busca pistas en la página 220.

4 ¿Por qué quiere votar la gente?

_____

_____

_____

Pista

Piensa en lo que opinas sobre lo que pasa.

¡Hazte un detective de la lectura!

Vuelve a

"¡Yo podría hacerlo!"
Libro del estudiante,
págs. 655–665

1 **¿Por qué se mudó Esther Morris a Illinois?**

☐ para casarse con John Morris

☐ para estar en la frontera

☐ para reclamar la tierra de su difunto esposo

¡Pruébalo! ¿Qué evidencia de la selección apoya tu respuesta?
Marca las casillas. ☑ Toma notas.

Evidencia	Notas
☐ lo que dice Esther después de que muere Artemus	
☐ detalles en el texto después de la muerte de Artemus	
☐	

¡Escríbelo!

CAUSA Y EFECTO

Responde a la pregunta **1** usando evidencia del texto.

_____

_____

_____

_____

_____

_____

2 ¿Por qué decidió la autora contar la historia de Esther Morris?

☐ para contar la historia de los derechos de las mujeres

☐ para contar cómo una persona puede marcar una diferencia

☐ para contar cómo era la vida en el siglo diecinueve

¡Pruébalo! ¿Qué evidencia de la selección apoya tu respuesta?
Marca las casillas. ☑ Toma notas.

Evidencia	Notas
☐ detalles sobre los éxitos de Esther	
☐ creencias sobre las mujeres en el siglo diecinueve	
☐ las ilustraciones de Esther haciendo cosas	

¡Escríbelo!

PROPÓSITO DE LA AUTORA

Responde a la pregunta 2 usando evidencia del texto.

_____

_____

_____

_____

_____

_____

_____

**continente
denso
humedad
recurso
superficial**

Las secuoyas

1 Las secuoyas crecen en Norteamérica. Son los árboles más altos del **continente**.

Nombra dos <u>continentes</u>.

_____

2 Las secuoyas necesitan bastante **humedad**. Por ello, crecen en lugares con inviernos lluviosos y veranos con niebla.

¿Qué proporciona la <u>humedad</u> que necesitan los árboles y las demás plantas?

_____

_____

3 Aunque las secuoyas son árboles muy altos, sus raíces son **superficiales**. No se adentran mucho en el suelo.

Escribe una palabra que signifique lo opuesto de <u>superficiales</u>.

_____

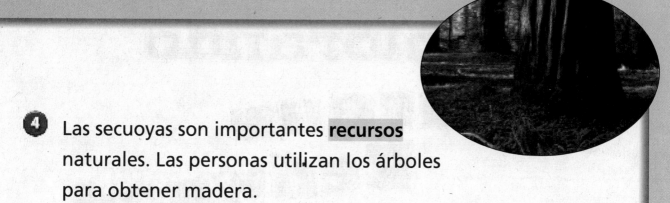

4 Las secuoyas son importantes **recursos** naturales. Las personas utilizan los árboles para obtener madera.

¿Qué otros tipos de <u>recursos</u> naturales conoces?

_____

_____

_____

5 Las agujas que caen de las secuoyas forman **densas** alfombras en el suelo. Estas agujas dificultan el crecimiento de otros árboles alrededor de las secuoyas.

¿Dónde te gustaría más vivir, en una ciudad <u>densa</u> o en un pueblo pequeño? Explica tu respuesta.

_____

_____

_____

Explorando el Parque Redwood

por Lynn Frankel

La Sra. Keith y sus estudiantes van a explorar el Parque Nacional Redwood de California. Este parque fue fundado en 1968 para proteger las secuoyas y otros **recursos** de la región.

Parque Nacional Redwood

California

Océano Pacifico

Detente Piensa Escribe

CARACTERÍSTICAS GRÁFICAS Y DEL TEXTO

¿Dónde está el Parque Redwood?

_____

_____

_____

Al llegar al parque, un indio americano les dio la bienvenida.

—¡Bienvenidos al Parque Nacional Redwood! —dijo—. Yo me llamo Alce Parado y hoy les voy a enseñar el parque.

Alce Parado se dirigió hacia el sendero, y Paco, Sarah, Carlos, Lakota y la Sra. Keith lo siguieron.

—Nuestro parque tiene muchas clases de árboles —anunció Alce Parado—. Sin embargo, su nombre se debe a un tipo excepcional de árbol, el redwood, o secuoya. Las secuoyas son los árboles más altos del **continente**. En realidad, ¡son los árboles más altos del mundo!

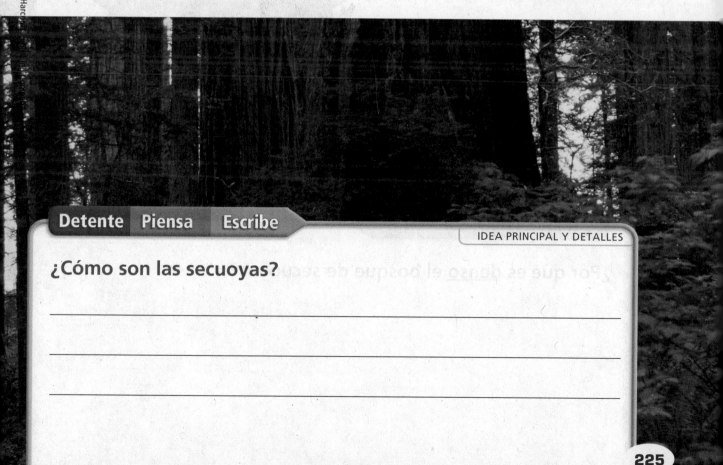

Detente Piensa Escribe

IDEA PRINCIPAL Y DETALLES

¿Cómo son las secuoyas?

_____

_____

_____

—¡Vaya! —exclamó Paco, levantando la vista hacia las secuoyas—. No alcanzo a ver las copas de los árboles.

—Eso es porque los árboles son muy altos —replicó Alce Parado—. También se debe a que el bosque por aquí es muy **denso**. Los árboles crecen muy próximos entre sí.

—¡Pero miren qué grandes son!

Los cuatro estudiantes intentaron agarrarse las manos uniéndolas alrededor del tronco de una secuoya. ¡Y no pudieron lograrlo!

—Algunos de los árboles del parque llevan creciendo unos seiscientos años —dijo Alce Parado—. ¡Algunas secuoyas pueden vivir hasta dos mil años!

Detente Piensa Escribe

VOCABULARIO

¿Por qué es <u>denso</u> el bosque de secuoyas?

_____

_____

_____

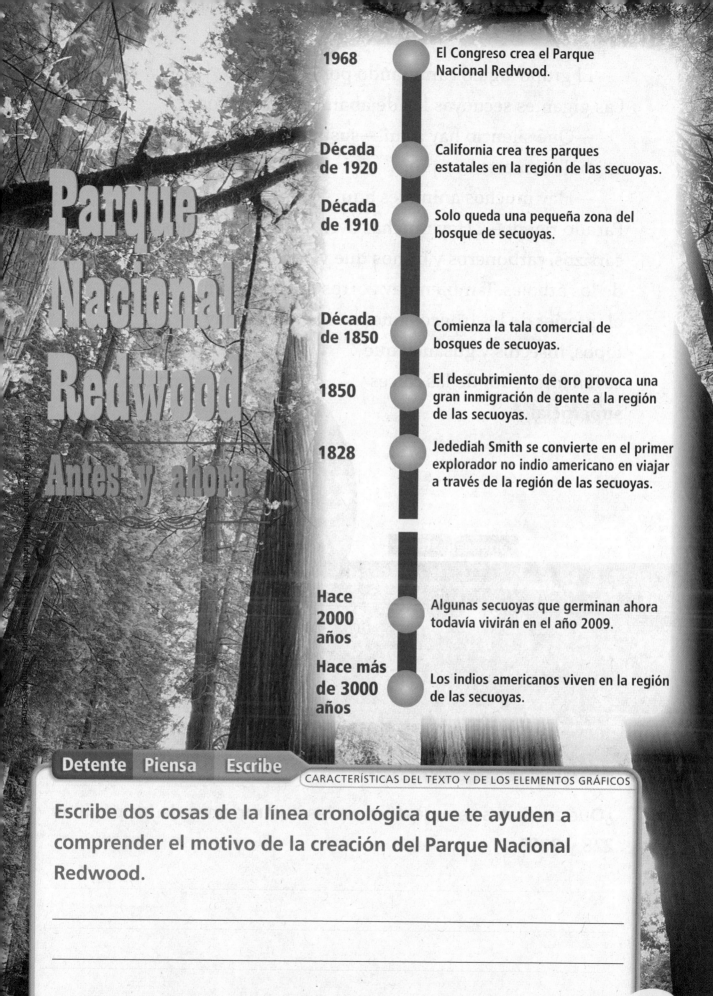

Parque Nacional Redwood

Antes y ahora

1968	El Congreso crea el Parque Nacional Redwood.
Década de 1920	California crea tres parques estatales en la región de las secuoyas.
Década de 1910	Solo queda una pequeña zona del bosque de secuoyas.
Década de 1850	Comienza la tala comercial de bosques de secuoyas.
1850	El descubrimiento de oro provoca una gran inmigración de gente a la región de las secuoyas.
1828	Jedediah Smith se convierte en el primer explorador no indio americano en viajar a través de la región de las secuoyas.
Hace 2000 años	Algunas secuoyas que germinan ahora todavía vivirán en el año 2009.
Hace más de 3000 años	Los indios americanos viven en la región de las secuoyas.

Detente · Piensa · Escribe

CARACTERÍSTICAS DEL TEXTO Y DE LOS ELEMENTOS GRÁFICOS

Escribe dos cosas de la línea cronológica que te ayuden a comprender el motivo de la creación del Parque Nacional Redwood.

_____

_____

_____

El grupo siguió caminando por el sendero.
Las gigantes secuoyas los dejaban boquiabiertos.

—Qué silencio hay aquí —susurró Sarah—. ¿Hay animales en este bosque?

—Hay muchos animales aquí —contestó Alce Parado riendo—. Hay muchas aves, como arrendajos, carrizos, carboneros y búhos que viven en lo alto de los árboles. También hay zorros que viven en el interior de los troncos huecos. Bajo tierra hay topos, insectos y gusanos que cavan alrededor de las raíces **superficiales.**

arrendajo Stellar

Detente Piensa Escribe

CARACTERÍSTICAS DEL TEXTO Y DE LOS ELEMENTOS GRÁFICOS

¿Qué animales se muestran en las ilustraciones de las páginas 228 y 229?

búho moteado norteño

De pronto, una hoja pareció saltar cerca de Carlos.

—¡Esa hoja parece una rana! —dijo Carlos.

—¡Buena vista, Carlos! —contestó Alce Parado mientras señalaba la pequeña rana—. Al igual que las secuoyas, estas pequeñas ranas necesitan mucha **humedad**. Les encanta el clima lluvioso y templado de este bosque.

—¿Hay animales peligrosos aquí? —preguntó la Sra. Keith, mirando nerviosa a su alrededor.

—Tan peligrosos como cualquier animal. Así que lo mejor es mantenerse alejados de ellos —avisó Alce Parado—. Es mejor no buscarse problemas con un oso negro o un gato montés.

Detente   Piensa   Escribe

VOCABULARIO

¿Qué animales necesitan un hábitat con mucha <u>humedad</u>?

_____

_____

_____

229

—También hay grandes animales que viven en otras zonas del bosque —dijo Alce Parado—. Los alces habitan las zonas de pastos de las praderas. A lo largo de la costa del parque hay ballenas, leones marinos y delfines.

águila de cabeza blanca

—Y yo que pensaba que en este parque solo había secuoyas —dijo Lakota—. Ya veo que no es así.

—Hay mucho que ver y tenemos mucho tiempo para hacerlo —dijo Alce Parado sonriendo—. El parque no se va a mudar a ningún lado.

alce Roosevelt

Detente **Piensa** **Escribe**

IDEA PRINCIPAL Y DETALLES

¿Qué tres hábitats hay en el Parque Nacional Redwood?

_____

_____

_____

Vuelve a leer y responde

1 ¿Cuál es el propósito del Parque Nacional Redwood?

_____

_____

_____

Pista

Busca pistas en la página 224.

2 Observa el mapa de la página 224. ¿Cómo te ayuda a comprender la ubicación del Parque Nacional Redwood?

_____

_____

_____

Pista

Piensa en lo que ves cuando miras el mapa.

3 ¿Cómo usan los distintos animales las secuoyas?

_____

_____

_____

Pista

Busca pistas en las páginas 228 y 229.

¡Hazte un detective de la lectura!

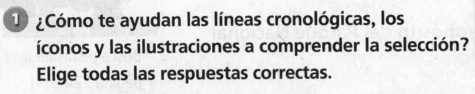

"El árbol eterno"
Libro del estudiante,
págs. 685–699

1 ¿Cómo te ayudan las líneas cronológicas, los íconos y las ilustraciones a comprender la selección? Elige todas las respuestas correctas.

☐ Muestran de qué trata el texto.

☐ Muestran cuándo sucedió algo.

☐ Hacen que la lectura sea más entretenida.

¡Pruébalo! ¿Qué evidencia de la selección apoya tu respuesta?
Marca las casillas. ☑ Toma notas.

Evidencia	Notas
☐ las líneas cronológicas muestran los años en que ocurrieron los sucesos	
☐ los íconos identifican los sucesos en la línea cronológica	
☐ los íconos dan pistas sobre el texto	
☐ las ilustraciones en la parte inferior de la página ilustran el texto	

¡Escríbelo!　　CARACTERÍSTICAS DEL TEXTO Y DE LOS ELEMENTOS GRÁFICOS

Responde a la pregunta 1 usando evidencia del texto.

_____

_____

_____

_____

_____

2 ¿Cuál de los siguientes sucesos ocurrió más recientemente?

☐ El reino de Kanem fue un centro de comercio.

☐ El padre de Marco Polo murió.

☐ Se construyó la Gran Muralla de China.

¡Pruébalo!

¿Qué evidencia de la selección apoya tu respuesta? Marca las casillas. ☑ Toma notas.

Evidencia	Notas
☐ detalles sobre Kanem	
☐ detalles sobre Marco Polo	
☐ detalles sobre la historia china	

¡Escríbelo!

SECUENCIA DE SUCESOS

Responde a la pregunta **2** usando evidencia del texto.

_____

_____

_____

_____

_____

_____

_____

afecto

compañero

inseparable

sufrir

vínculo

Animales amigos

Un perro puede ser un gran **compañero**. Casi todos los perros son amistosos y simpáticos, e irán adondequiera que los lleves. Los perros pueden ayudar a las personas a no sentirse solas.

Puedes adoptar un perro de un refugio de animales. Algunos perros **sufrieron** un trato cruel de sus antiguos dueños, por lo que tal vez tengan miedo de las personas. Por eso, hace falta más dedicación y tiempo para ganar su confianza.

La mayoría de los perros muestran **afecto** si los cuidas bien. Te lo mostrarán lamiéndote, rozándote o sentándose en tu regazo, de la misma forma que tú les puedes mostrar afecto acariciándolos, abrazándolos o cepillándoles el pelo.

La gente suele tener un fuerte **vínculo** con sus perros. Los perros pueden detectar cuándo sus dueños están tristes o enfermos. Las personas también pueden saber cuándo sus perros necesitan un mayor cuidado.

Algunas personas son **inseparables** de sus perros. Van juntos a todos los lugares.

1 Si los perros _____ un trato cruel por parte de sus antiguos dueños, pueden tener miedo de la gente.

2 Las personas y los perros que son

_____ van juntos a todos

los lugares.

3 Los perros muestran su

_____ lamiendo, rozando

y queriendo sentarse encima.

4 ¿Qué hace que un perro sea un buen compañero?

_____

_____

_____

5 ¿Con quién sientes un fuerte vínculo? ¿Por qué?

_____

_____

_____

Un buen amigo

por Lynn Frankel

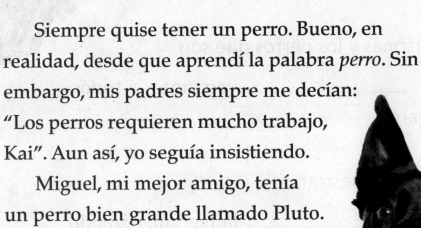

Siempre quise tener un perro. Bueno, en realidad, desde que aprendí la palabra *perro*. Sin embargo, mis padres siempre me decían: "Los perros requieren mucho trabajo, Kai". Aun así, yo seguía insistiendo.

Miguel, mi mejor amigo, tenía un perro bien grande llamado Pluto. Pluto era un perro más bien malo. Se comía los muebles. ¡Mordía a la gente! E incluso así, Miguel lo llevaba a todas partes. Ese Pluto sí que era un verdadero **compañero**.

Detente   Piensa   Escribe

VOCABULARIO

¿De qué forma era Pluto un **compañero** de Miguel?

234

El día de mi noveno cumpleaños, pensé que por fin mi sueño se iba a hacer realidad. Mi papá llegó a casa con una gran caja de cartón. ¡Y la caja era de la tienda de mascotas! Entonces, papá introdujo la mano y sacó una diminuta bolita de pelo anaranjado que dijo "Miau".

Traté de esconder mi decepción. ¿Un gato? ¿Para qué sirve un gato? Entonces la cosita peluda levantó la vista y se quedó mirándome. ¿Qué podía hacer, pues? Así que le puse de nombre Toby.

Detente   Piensa   Escribe

INFERIR Y PREDECIR

¿Por qué crees que los padres de Kai le dieron un gato en vez de un perro?

_____

_____

_____

235

Toby no me acompañaba a la escuela como hacía el perro de Miguel. Tampoco corría detrás de un palo ni me lo traía.

—¿Y qué hace, entonces? —preguntó Miguel.

Para empezar, dormía en mi cama todas las noches. Cuando me encontraba triste, se restregaba contra mí y me acariciaba la cara. Toby también era divertido. Íbamos por todo el vecindario juntos. Éramos **inseparables**. Cuando llegó mi siguiente cumpleaños, ni siquiera pedí un perro.

Detente   Piensa   Escribe   COMPARAR Y CONTRASTAR

¿Cómo cambió Kai entre su noveno y décimo cumpleaños?

_____

_____

_____

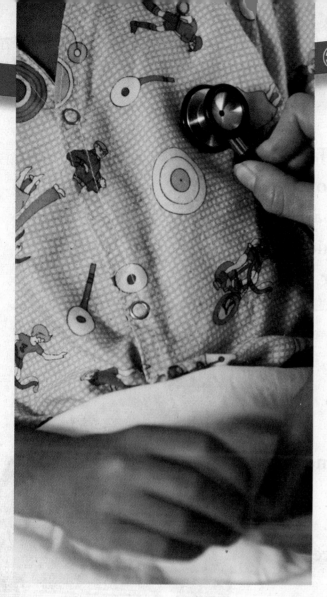

Unos días después de la fiesta de mi cumpleaños, Miguel tuvo un grave accidente que le causó serias heridas en la cadera y las piernas. Miguel estuvo en el hospital durante mucho tiempo. En verdad, tuvo que **sufrir** y aguantar el dolor.

Miguel parecía triste cuando yo iba a verlo. Me decía que odiaba tener que estar en la cama todo el tiempo. Pero también estaba asustado, aunque él no quisiera decirlo nunca.

Una cosa que sí decía era lo mucho que echaba de menos a Pluto. Y así es como se me ocurrió la idea.

Detente Piensa Escribe

INFERIR Y PREDECIR

¿Qué idea crees que se le ocurrió a Kai?

_____

_____

_____

Mi papá y yo hablamos con Tanya, la enfermera que cuidaba a Miguel. Tanya dijo que Pluto era demasiado grande y revoltoso para permitir su visita. Podía hacerle daño a alguien.

—Aun así, nos encanta tener animales de visita —dijo Tanya—. Los animales pueden ayudar a los enfermos a ponerse bien en menos tiempo. El solo hecho de acariciar a un animal puede hacer que la gente se sienta menos preocupada o sola.

Yo sabía que eso era verdad.

—¡Escuchen! ¿Qué les parece si traigo a Toby? —pregunté entusiasmado.

Todos estuvimos de acuerdo en que Toby sería una buena visita.

Detente Piensa Escribe

COMPARAR Y CONTRASTAR

¿Por qué es Toby mejor visita que Pluto en el hospital?

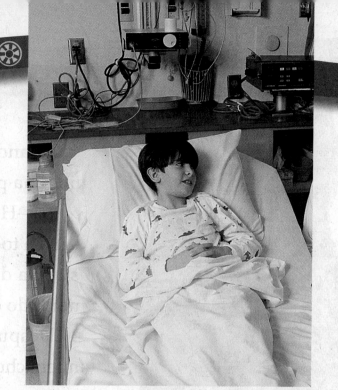

Al día siguiente, Papá y yo llevamos a Toby a ver a Miguel, que se encontraba en la cama mirando la pared fijamente. Antes de que pudiera decirle "Hola" a Miguel, Toby ya había saltado a su cama.

—Pero, ¿qué...? —exclamó Miguel—. ¿Tu gato? Pero si a mí no me gustan los gatos.

Aun así, decidí dejar a Miguel un rato con Toby. Tal vez cambiase de opinión. Tal vez fuesen capaces de formar un **vínculo**.

Detente Piensa Escribe

COMPRENDER A LOS PERSONAJES

¿Cómo se siente Miguel cuando llega Kai? Explica tu respuesta.

_____

_____

_____

Cuando regresé, Miguel no estaba por ninguna parte. Y tampoco Toby.

—Hey, ¡estamos aquí! —gritó Miguel.

Iba a toda velocidad por el pasillo en su silla de ruedas. Por su parte, ¡Toby iba montado en su hombro!

Después salieron al pasillo otros muchachos. Toby ronroneaba y pasaba el hocico por el cuello de Miguel.

—Para ser un gato, no está mal —dijo Miguel, mientras le acariciaba la barriguita una última vez.

—¿Lo ven? —dijo Tanya—. A veces el **afecto** es la mejor medicina.

Detente | Piensa | Escribe

VOCABULARIO

¿Cómo le mostró <u>afecto</u> Miguel a Toby?

_____

_____

_____

Vuelve a leer y responde

1 ¿Por qué es Toby un buen compañero?

_____

_____

_____

Pista

Puedes encontrar pistas a lo largo de todo el cuento.

2 ¿En qué se parecen Toby y Pluto? ¿En qué se diferencian?

_____

_____

_____

Pista

Busca pistas en las páginas 234 y 236.

3 ¿Cómo afecta a Miguel la visita de Toby?

_____

_____

_____

Pista

Busca pistas en las páginas 237, 239 y 240.

4 ¿Crees que los animales pueden ayudar a las personas enfermas o tristes a sentirse mejor? Explica tu respuesta.

_____

_____

_____

Pista

Tus respuestas a las preguntas 1 y 3 te pueden ayudar.

¡Hazte un detective de la lectura!

Vuelve a

OWEN Y MZEE
la verdadera historia de una extraordinaria amistad

por Isabella Hatkoff, Craig Hatkoff y la Dra. Paula Kahumbu
fotografías de Peter Greste

"Owen y Mzee"
Libro del estudiante,
págs. 717–727

1 ¿En qué se parecen o se diferencian Owen y Mzee?

☐ Uno es un bebé; el otro tiene 130 años.

☐ A Owen le agrada el agua; a Mzee también.

☐ Owen se arrima a Mzee; Mzee extiende su cuello.

¡Pruébalo! ¿Qué evidencia de la selección apoya tu respuesta?
Marca las casillas. ✓ Toma notas.

Evidencia	Notas
☐ las descripciones de Owen	
☐ las descripciones de Mzee	
☐ las fotografías	

¡Escríbelo!

COMPARAR Y CONTRASTAR

Responde a la pregunta **1** usando evidencia del texto.

_____

_____

_____

_____

_____

_____

2 **¿De qué formas Mzee cuidaba a Owen?**

☐ Era un compañero seguro para Owen.

☐ Hacía que Owen se sintiera más cómodo en el parque.

☐ otra _____

¡Pruébalo! ¿Qué evidencia de la selección apoya tu respuesta? Marca las casillas. ☑ Toma notas.

Evidencia	Notas
☐ cómo se comporta Mzee con Owen	
☐ cómo se comporta Owen en el parque	
☐	

¡Escríbelo!

IDEAS PRINCIPALES Y DETALLES

Responde a la pregunta 2 usando evidencia del texto.

_____

_____

_____

_____

_____

_____

calcular
inspector
progreso
promedio
siglo

El futuro

1 Nadie sabe con seguridad cómo será el futuro. No obstante, mucha gente piensa que se habrá alcanzado un gran **progreso** en la ciencia.

¿De qué forma ensayar o practicar algo te ayuda a hacer progresos en ello?

_____

_____

_____

2 En los dos últimos **siglos**, la gente ha inventado cosas como la bicicleta y la computadora. En los próximos dos siglos, es posible que la gente invente zapatos a propulsión o un corazón artificial.

Escribe estas unidades de tiempo en orden de menor a mayor: 2 años, 2 minutos, 2 siglos, 2 semanas.

_____

_____

3 En los últimos años, los científicos **calcularon** que harían falta unos diez años para llegar a Plutón. Es posible que en el futuro podamos llegar más rápido.

Si alguna vez <u>calculaste</u> los meses que faltaban hasta tu cumpleaños, ¿qué tuviste que hacer primero?

_____

_____

_____

4 En el futuro es posible que sea un **inspector** robot el que revise los carros, en vez de un mecánico.

Si fueras el <u>inspector</u> de seguridad de tu escuela, ¿en qué consistiría tu trabajo?

_____

_____

_____

5 Es posible que en el futuro la familia **promedio** maneje un vehículo volador.

Escribe un sinónimo de <u>promedio</u>.

_____

Los Kirk por Lynn Frankel

Les presentamos a los Kirk, una familia **promedio** del año 3010. La Sra. Kirk es piloto de cohetes espaciales. Transporta diariamente a personas a través de la galaxia de la Vía Láctea. El Sr. Kirk es **inspector** de cohetes espaciales. Janey y Tom, los hijos de la pareja, estudian cuarto y octavo grado. Janey es capitana de los Rayos Solares, el equipo de voleibol de su escuela. Tom es un artista con mucho talento.

Detente Piensa Escribe

ESTRUCTURA DEL CUENTO

¿Cuándo sucede este cuento?

_____

_____

_____

La vida de los Kirk es muy diferente a lo que tú y yo conocemos en la actualidad. Los Kirk viven en una estación espacial en vez de una casa. Se desplazan a la escuela y al trabajo en cohetes. ¡Y un robot hace toda la limpieza!

Sí, así es. Ha habido mucho **progreso** en 1,000 años. Aun así, hay cosas que nunca cambian. Los Kirk siempre están ocupados. La vida familiar todavía exige mucho esfuerzo.

Detente   Piensa   Escribe

VOCABULARIO

¿Qué <u>progreso</u> ha ocurrido en 1,000 años?

_____

_____

_____

Janey Kirk está muy entusiasmada hoy. Los Rayos Solares tienen un juego muy importante.

—¿Vienes a ver el juego? —le pregunta Janey a Tom, que se dirige disparado a la puerta.

—¡No puedo! ¡Ya llego tarde a la clase de pintura!

—¡Espera! ¡No te olvides esto! —le dice la Sra. Kirk a Tom en la puerta, mientras le da un *muffin*—. De esta casa no se va nadie sin el desayuno.

Detente Piensa Escribe

COMPRENDER A LOS PERSONAJES

¿Por qué está entusiasmada Janey hoy?

_____

_____

_____

Janey le dice adiós a Tom y luego le pregunta a su madre:

—Mamá, Papá y tú sí que vienen, ¿verdad?

—Trataré de ir, pero hoy tengo que volar a Zygón, así que a lo mejor llego tarde.

Mientras tanto, el Sr. Kirk entra a la sala ajustándose la corbata.

—¿Cuál creen que debería ponerme, esta corbata azul o la roja?

—La roja, Papá. La roja queda mucho mejor con esa camisa. ¿Vienes al juego esta noche?

—He **calculado** el tiempo una y otra vez. No hay forma de que pueda inspeccionar el nuevo cohete y llegar a tiempo al juego. Lo siento, Janey.

Detente **Piensa** **Escribe**

ESTRUCTURA DEL CUENTO

¿Por qué no pueden el Sr. y la Sra. Kirk asistir al juego de Janey?

_____

_____

_____

Janey trata de no mostrarlo, pero se siente triste porque han herido sus sentimientos. Las otras estudiantes de los Rayos Solares saben que algo va mal. En la primera jugada del partido, Janey falla un saque muy fácil.

—¡Vamos, Janey! —grita el entrenador—. ¡Despierta! ¡Y revisa tus zapatos deportivos!

Janey revisa sus zapatos deportivos de voleibol. Todas las jugadoras llevan los mismos zapatos deportivos especiales que les permiten saltar a una altura increíble. Eso hace que el juego sea verdaderamente emocionante.

Detente Piensa Escribe

PROPÓSITO DE LA AUTORA

¿Cuál es la intención de la autora al describir los zapatos deportivos de las jugadoras de voleibol en 3010?

_____

_____

_____

Ahora solo quedan 30 segundos para finalizar el juego. Se lanza la pelota a gran altura, hasta casi tocar el techo del gimnasio.

—¡Mía! —grita Janey mientras salta. De pronto, en su ascenso, ve un destello de color rojo. ¡Es la corbata de su padre! ¡Y en las gradas puede ver a toda su familia!

—¡Ánimo, Janey! —le gritan todos.

Janey está tan contenta que golpea la pelota por encima de la red y consigue un mate. ¡Punto para el equipo! ¡Han ganado los Rayos Solares!

Detente Piensa Escribe

CAUSA Y EFECTO

¿Cómo le afecta a Janey ver a su familia?

_____

_____

_____

La familia se apresura a felicitar a Janey.

—¿Qué ocurrió? —pregunta Janey—. Pensé que no podían venir.

—Yo cancelé la clase —explica Tom—. Y Mamá y Papá acordaron trabajar este fin de semana en vez de hoy.

—¡No podíamos perdernos esto! —dicen el Sr. y la Sra. Kirk mientras abrazan a Janey.

Sea el año 2010 o el 3010, las familias tienen mucho en común. Aun si las separan varios **siglos**, las familias ocupadas siguen encontrando la forma de pasar tiempo juntos.

Detente Piensa Escribe

VOCABULARIO

¿Cuántos años hay en dos <u>siglos</u>?

_____

_____

_____

Vuelve a leer y responde

1 ¿Quiénes son los personajes principales? Explícalo.

Pista

Encontrarás pistas en casi todas las páginas.

_____

_____

_____

2 ¿Qué cosas son distintas en el futuro a las de hoy en este cuento?

Pista

Busca pistas en las páginas 244, 245 y 248.

_____

_____

_____

3 ¿Por qué crees que los papás y el hermano de Janey hicieron un esfuerzo para asistir al juego?

Pista

Busca pistas en las páginas 249 y 250.

_____

_____

_____

4 ¿Cuál crees que es la intención principal de la autora al escribir este cuento? Explícalo.

Pista

Busca pistas en las ilustraciones.

_____

_____

¡Hazte un detective de la lectura!

Vuelve a

"Cuánto se divertían"
Libro del estudiante, págs.
745–753

1 **¿Qué quiere decirle el autor al lector?**

☐ En el futuro, los estudiantes no leerán libros.

☐ La tecnología no siempre mejora las cosas.

☐ Los libros no son una buena fuente de información.

¡Pruébalo! ¿Qué evidencia del cuento apoya tu respuesta?
Marca las casillas. ✔ Toma notas.

Evidencia	Notas
☐ cómo aprenden Margie y Tommy	
☐ lo que Tommy dice de las viejas escuelas	
☐ lo que Margie piensa de las viejas escuelas	

¡Escríbelo!

PROPÓSITO DEL AUTOR

Responde a la pregunta **1** usando evidencia del texto.

_____

_____

_____

_____

_____

_____

_____

2 ¿Cómo se comporta Tommy con Margie?

- ☐ Actúa como si fuese más inteligente porque es mayor.
- ☐ No le cuenta lo que él descubrió.
- ☐ otro ______________________________

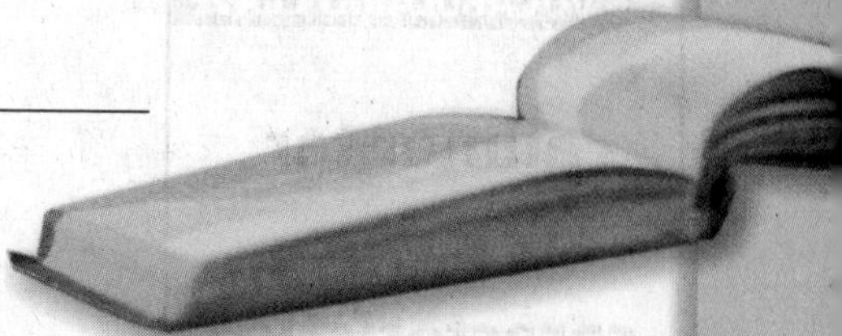

¡Pruébalo! ¿Qué evidencia del cuento apoya tu respuesta? Marca las casillas. ☑ Toma notas.

Evidencia	Notas
☐ lo que Tommy dice y hace	
☐ cómo Margie le responde a Tommy	
☐	

¡Escríbelo!

COMPRENDER A LOS PERSONAJES

Responde a la pregunta 2 usando evidencia del texto.

____

____

____

____

____

____

____

alimentar

ayudar

característico

favor

pensar

Comida para insectos

1 Las arañas **ayudan** a los jardineros sin saberlo. Las arañas se comen a los insectos que pueden dañar a las plantas. Eso es una gran ayuda. ¡A los jardineros les encantan las arañas!

¿Cómo <u>ayudas</u> en casa? Explica tu respuesta.

_____

_____

_____

2 Los murciélagos se comen a los mosquitos que nos pican. Podemos devolverles este **favor** dejando en paz a los murciélagos. Forman parte de nuestro mundo exterior.

¿Cuál es el último <u>favor</u> que le pedirías a un amigo que hiciera por ti?

_____

_____

_____

3 Por lo general, un jardinero **piensa** en atraer abejas a su jardín. Las abejas polinizan las plantas cuando vuelan de flor en flor.

Explica lo que el jardinero _piensa_ hacer cuando coloca un espantapájaros.

_____

_____

_____

4 Las hormigas más pequeñas no necesitan mucha comida para vivir. Incluso una miga de tu sándwich puede **alimentar** al insecto.

¿Qué bocado podría _alimentar_ a un ave?

_____

_____

5 La mariposa negra macaón tiene una forma de alimentarse muy **característica**. Solamente le gusta comer plantas de zanahorias.

¿Qué otra palabra tiene el mismo significado que _característica_?

_____

_____

De vuelta a casa

por Carol Alexander

—Clase —dijo la Sra. Woods—. Háganme un **favor**. Enseñen a María el salón de clases.

María empezaba el año escolar un poco tarde. Acababa de mudarse a la ciudad. Le gustaba su nuevo salón de clases. En un rincón vio un tanque de cristal.

—¿Qué es eso de ahí dentro? —preguntó—. ¡Qué cosas más raras!

—Son mariposas monarca —dijo Paul.

—No *parecen* mariposas —contestó María.

Detente Piensa Escribe

ESTRUCTURA DEL CUENTO

¿Dónde sucede este cuento?

_____

_____

_____

—Ahora mismo son orugas. Pero pronto se convertirán en mariposas —respondió Héctor.

Las orugas tenían franjas brillantes. Eran amarillas, negras y blancas. ¡Espléndidas! María se puso a verlas comer hojas.

—¿Comen hierba también? —preguntó de nuevo.

—No —contestó Carmen—. Solamente comen hojas de asclepias.

—¡Vaya forma más peculiar y **característica** de comer! —dijo María.

—Sí. La verdad es que les encanta comer esas hojas —dijo Paul—. Deben estar sabrosas.

—¿Cómo se convierten en mariposas? —preguntó María.

—Mira —dijo Héctor, a la vez que señalaba un cartel expuesto en la pared.

Detente   Piensa   Escribe

VOCABULARIO

¿Qué encuentra <u>característico</u> sobre las orugas María?

_____

_____

_____

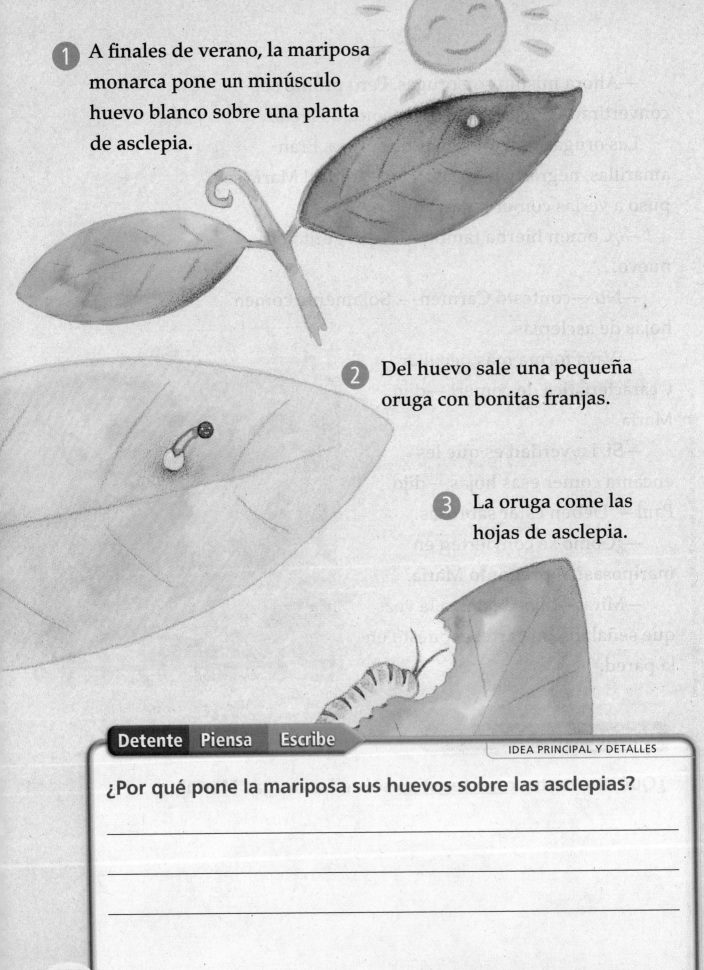

1 A finales de verano, la mariposa monarca pone un minúsculo huevo blanco sobre una planta de asclepia.

2 Del huevo sale una pequeña oruga con bonitas franjas.

3 La oruga come las hojas de asclepia.

Detente Piensa Escribe

IDEA PRINCIPAL Y DETALLES

¿Por qué pone la mariposa sus huevos sobre las asclepias?

4 La oruga crece y muda la piel. Esto puede parecer un poco desagradable.

5 La oruga, ya de gran tamaño, se cuelga boca abajo y se envuelve en una funda verde y dorada.

6 La funda se abre después de unas dos semanas. ¡Y entonces sale la mariposa monarca! ¡Sí, es una mariposa!

Detente Piensa Escribe

SECUENCIA DE SUCESOS

¿Qué sucede antes de que se le caiga la piel a la oruga?

—Ya veo —dijo María—. Las mariposas se **alimentan** de las hojas. ¿Nos quedaremos con las mariposas?

—No —contestó la Sra. Woods—. En invierno vuelan hasta México, donde el clima es mejor y más cálido. Pero tenemos un problema. Ya deberían haber emprendido el viaje. Empieza a hacer frío y no van a encontrar suficiente comida por el camino.

—Entonces me temo que se morirán —dijo Pat—. ¿Y si las enviamos por correo?

—No podemos enviar seres vivos por correo —dijo Héctor.

EE.UU.

MÉXICO

Océano Atlántico

Océano Pacífico

Detente   Piensa   Escribe

IDEA PRINCIPAL Y DETALLES

¿Por qué está preocupada la clase por las mariposas?

A María se le ocurrió una idea.

—Mi padre **piensa** viajar a México dentro de poco. Pilota un avión. Se dedica a eso.

—¡Fantástico! —exclamó la Sra. Woods—. ¿Puedes contarle nuestro problema?

Esa noche, María pidió ayuda a su padre y él le dijo que podría **ayudar** a la clase. Cuando las orugas se convirtieron en mariposas, el papá de María fue a recogerlas. Estaban dentro de cajas con pequeñas aberturas.

—Tendré mucho cuidado con ellas —dijo—. Salimos dentro de tres horas. Esta noche las dejaré libres en México.

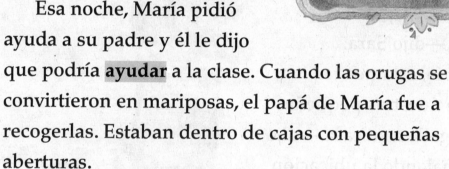

Detente Piensa Escribe

VOCABULARIO

Explica lo que piensa hacer el Sr. Martínez.

_____

_____

_____

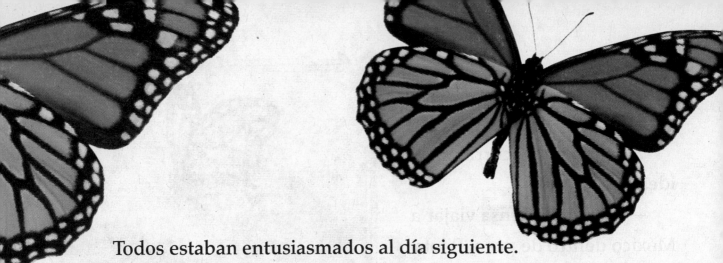

Todos estaban entusiasmados al día siguiente.

—¿Llegaron bien las mariposas? —preguntaron todos.

María, por su parte, sonreía de oreja a oreja.

—¡Sí! Todo fue bien. Papá abrió las cajas y todas salieron volando.

—¡No puedo creer que ahora estén en México! —dijo Sara.

—¡Así es! María, estamos tan contentos de que nuestras pequeñas amigas hayan llegado a su casa —dijo la Sra. Woods señalando la ubicación de México en el globo terráqueo—. Estamos encantados de que formes parte de esta clase.

María sonrió alegremente. Ella también se sentía como en casa.

Detente   Piensa   Escribe

IDEA PRINCIPAL Y DETALLES

¿Cómo se resuelve el problema principal del cuento?

_____

_____

_____

Vuelve a leer y responde

1 ¿Qué te dicen las palabras y los actos de María sobre ella?

Pista

Hay pistas que puedes usar casi en cada página.

_____

_____

_____

2 ¿Cuál es el problema en el cuento?

Pista

Busca pistas en la página 258.

_____

_____

_____

3 ¿Qué hace María para ayudar a resolver el problema?

Pista

Busca pistas en la página 259.

_____

_____

_____

4 ¿Cómo se siente María después de haber ayudado a resolver el problema?

Pista

Busca pistas en la página 260.

_____

_____

_____

_____

¡Hazte un detective de la lectura!

Vuelve a

"La H pide la palabra"
Revista del estudiante,
págs. 4–11

1 **¿Por qué está molesta la H?**

☐ No tiene sombrero como la Ñ.

☐ Debe compartir su sonido con otras letras.

☐ No tiene sonido.

¡Pruébalo! ¿Qué evidencia del cuento apoya tu respuesta?
Marca las casillas. ☑ Toma notas.

Evidencia	Notas
☐ lo que la H dice y piensa	
☐ lo que las demás letras dicen	
☐ lo que le sucede a la H en el congreso	

¡Escríbelo!

ESTRUCTURA DEL CUENTO

Responde a la pregunta 1 usando evidencia del texto.

_____

_____

_____

_____

_____

2 **¿Qué importante lección de vida nos enseña el cuento?**

☐ El sonido no es tan importante.

☐ Aprender algo puede cambiar tu forma de pensar.

☐ La H es la letra más importante de todas.

¡Pruébalo! ¿Qué evidencia del cuento apoya tu respuesta?

Marca las casillas. ☑ Toma notas.

Evidencia	Notas
☐ lo que la H piensa del silencio al comienzo de la historia	
☐ lo que piensa silencio al final de la historia	
☐	

¡Escríbelo!

Responde a la pregunta **2** **usando evidencia del texto.**

_____

_____

_____

_____

_____

_____

_____

Ecosistemas

El ecosistema de una zona incluye a todos los seres vivos de esa área. Los animales y las plantas dependen unos de otros para sobrevivir.

Algunas **especies** se encuentran en más de un ecosistema. Muchos tipos de aves, por ejemplo, anidan en un lugar y se alimentan en otro.

En las selvas tropicales hay abundancia de agua. En los desiertos, en cambio, el agua es **escasa**. Distintos lugares **presentan** diferentes organismos. En algunas zonas crecen plantas y animales raros. Si no protegemos esas regiones, podemos perderlos para siempre.

Los científicos están **alertas** a los cambios que ocurren en determinado hábitat o ambiente. **Se centran en** proteger las plantas y los animales que viven allí.

1 El trabajo de los científícos

_____ en proteger las plantas y
los animales de los distintos ecosistemas.

2 Algunas _____ de aves anidan
en una zona y se alimentan en otra.

3 En el desierto, el agua es _____.

4 ¿Qué artículos se deben incluir al <u>presentar</u> un
botiquín de primeros auxilios?

_____

_____

_____

5 ¿Qué puedes hacer para mantenerte <u>alerta</u> en
clase?

_____

_____

_____

La vida de un estanque

por Lynn Frankel

Los estanques están llenos de vida. Mira adentro y alrededor de uno de ellos. Hay millones de seres vivos que tienen su hogar ahí. El estanque y los seres vivos que vivan en él componen un ecosistema. Es una comunidad de plantas y animales dentro de un mismo sitio.

Cada uno de los animales se esfuerza por sobrevivir. Todos buscan refugio y alimento. Siempre están en **alerta** ante los peligros. Se esconden de los animales que quieren comerlos, y tratan de proteger y mantener a salvo a sus crías.

Detente Piensa Escribe

CONCLUSIONES/GENERALIZACIONES

¿Qué tienen en común todos los animales de un ecosistema?

_____

_____

_____

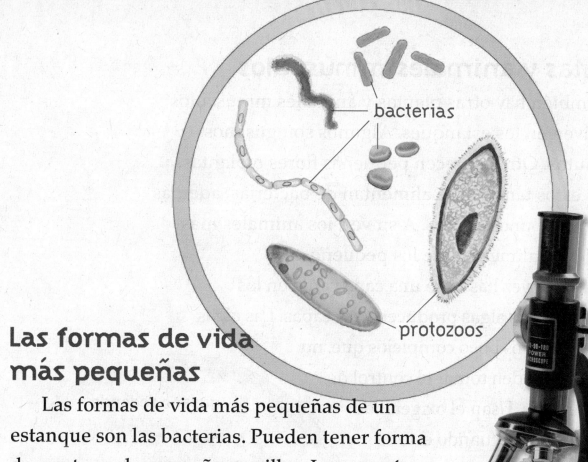

bacterias

protozoos

Las formas de vida más pequeñas

Las formas de vida más pequeñas de un estanque son las bacterias. Pueden tener forma de puntos o de pequeñas varillas. La mayoría son demasiado pequeñas para poder verlas sin un microscopio, pero son muy interesantes. Los protozoos son formas de vida más grandes que se alimentan de bacterias. Algunos pueden desplazarse y otros simplemente flotan. Los protozoos más grandes no dejan de ser muy pequeños. ¡Apenas tienen el tamaño de dos o tres letras pequeñas de un periódico!

Detente   Piensa   Escribe

CONCLUSIONES/GENERALIZACIONES

¿Se necesita un microscopio para ver los protozoos?

Plantas y animales minúsculos

También hay otras plantas y animales minúsculos que viven en los estanques. Algunos son gusanos diminutos. Otros parecen pequeñas flores o plantas. Todos estos también se alimentan de bacterias, además de comerse unos a otros. A su vez, los animales más grandes se alimentan de los pequeños.

¿Alguna vez has visto una capa verde en los estanques? Las algas producen esas capas. Las algas son organismos poco complejos que, no obstante, pueden tomar el control de los estanques. Usan el oxígeno de los estanques, y cuando este es **escaso**, provocan la muerte de los demás organismos.

gusano redondo

platelminto

gusano segmentado

hidra

algas

briozoos

Detente   Piensa   Escribe

VOCABULARIO

¿Qué podría suceder si el alimento para los animales se vuelve <u>escaso</u>?

_____

_____

_____

araña acuática

cangrejo de río

camarón de río

Artrópodos y peces

Los artrópodos también viven en los estanques. Entre los animales de este grupo se **presentan** los arácnidos, los camarones y los insectos. Estos animales emplean la cola o las patas para desplazarse. Atrapan a sus presas con la boca o las pinzas.

En los estanques viven muchas clases de insectos. Algunos viven siempre debajo del agua. Otros, como las libélulas, tienen una vida por etapas. Cuando son jóvenes viven en el agua. Luego, su cuerpo se transforma y pueden echar a volar.

Los peces de los estanques se alimentan de insectos. El tamaño y el número de peces dependen del tamaño del estanque y de los organismos que vivan allí.

Detente Piensa Escribe

CAUSA Y EFECTO

¿Por qué el que haya poca cantidad de insectos puede significar menos peces?

_____

_____

_____

Reptiles

En los estanques también viven tortugas y serpientes. Las salamandras **se centran** en los estanques o en sus cercanías. Las salamandras se mueven con mucha rapidez, por eso es raro encontrarnos con alguna.

Los reptiles que viven en los estanques no pasan todo el tiempo en el agua. Ponen sus huevos en la tierra. Hay otros animales que viven en las proximidades de los estanques que pueden alimentarse de reptiles o de huevos y de otros organismos.

Detente   Piensa   Escribe

VOCABULARIO

¿Qué organismos <u>se centran</u> en un estanque?

_____

_____

_____

_____

Ranas

Las ranas son unos animales muy interesantes. Ponen sus huevos en el agua. Los huevos se convierten en renacuajos. Los renacuajos nacen con branquias al igual que los peces. Luego, las branquias se cierran y los renacuajos comienzan a respirar aire. También empiezan a crecerles patas y pierden la cola. Tras unas cuantas semanas, se convierten en ranas.

Las ranas adultas comen peces pequeños e incluso ratones. Las serpientes, tortugas, mapaches y aves se alimentan de ranas.

Detente   Piensa   Escribe

SECUENCIA DE SUCESOS

¿Qué les pasa a los renacuajos justo antes de convertirse en ranas?

_____

_____

_____

Ciclos

Los animales dependen unos de otros para sobrevivir. Los animales grandes se comen a los pequeños. Los animales pequeños se comen a otros más pequeños todavía. Este ciclo se denomina *cadena alimenticia*.

Los estanques también tienen un ciclo. La lluvia deposita todo tipo de cosas en el estanque a lo largo del tiempo, con lo que poco a poco se llena. Un estanque puede convertirse en un pantano con el tiempo. También puede ocurrir que un día simplemente desaparezca.

La ausencia de vida en un estanque es señal de serios problemas. Tal vez las malas hierbas hayan tomado el control. Tal vez haya sido una **especie** la que haya exterminado a las demás. Hay mucha gente que trabaja arduamente para mantener la salud de los estanques. Saben que un estanque es un pequeño mundo muy importante.

Detente Piensa Escribe

IDEA PRINCIPAL Y DETALLES

¿Cuál es la idea principal de esta sección?

_____

_____

_____

Vuelve a leer y responde

1 ¿Cómo pueden colonizar el estanque por completo las algas?

Pista

Busca pistas en la página 266.

_____

_____

_____

2 ¿Cómo puedes resumir el funcionamiento de la cadena alimenticia?

Pista

Busca pistas en la página 270.

_____

_____

_____

3 ¿En qué se parecen las libélulas y las ranas?

Pista

Busca pistas en las páginas 267 y 269.

_____

_____

_____

4 ¿Por qué crees que hay mucha gente que trabaja para proteger la salud de los estanques?

Pista

Puedes encontrar pistas a lo largo de todo el texto.

_____

_____

_____

¡Hazte un detective de la lectura!

Vuelve a

"¡Alerta sobre los anfibios!"
Revista del estudiante,
págs. 22–27

1 **¿Cuál es la idea principal de la selección?**

☐ Las ranas y los tritones son dos tipos de anfibios.

☐ Los anfibios se encuentran en peligro de extinción.

☐ Los científicos están haciendo todo lo posible por salvarlos.

¡Pruébalo! ¿Qué evidencia de la selección apoya tu respuesta?

Marca las casillas. ☑   Toma notas.

Evidencia	Notas
☐ detalles sobre el hábitat y la contaminación	
☐ detalles sobre especies introducidas	
☐ detalles sobre los hongos	

¡Escríbelo!

IDEAS PRINCIPALES Y DETALLES

Responde a la pregunta 1 usando evidencia del texto.

_____

_____

_____

_____

_____

_____

_____

2 ¿Por qué escribió el autor la selección?

☐ para alentar a las personas a criar anfibios

☐ para describir diferentes tipos de anfibios

☐ para alentar a las personas a ayudar a los anfibios

¡Pruébalo! ¿Qué evidencia de la selección apoya tu respuesta?
Marca las casillas. ✓ Toma notas.

Evidencia	Notas
☐ detalles sobre los anfibios	
☐ amenazas para los anfibios	
☐ formas en que las personas pueden ayudar a los anfibios	

¡Escríbelo!

PROPÓSITO DEL AUTOR

Responde a la pregunta 2 usando evidencia del texto.

_____

_____

_____

_____

_____

_____

_____

271B

✓ **VOCABULARIO CLAVE**

triunfo
disculparse
exposición
obstáculo
vasto

Museos

El museo de historia natural más grande del mundo está en Washington, D.C. Se fundó en 1910 y tiene más de 125 millones de piezas. Pero no siempre ha tenido tantas. El museo **triunfó** para ampliar su colección gracias a la donación de piezas y dinero por parte de la gente.

El museo está distribuido en un arreglo de seis salas. Una de las salas es para gemas y minerales. En esa sala está en **exposición** el Diamante de la Esperanza (Hope Diamond). Otra de las salas es para los mamíferos. Está llena de esqueletos y cada objeto está expuesto en una vitrina. De esa forma, nadie tendrá que **disculparse** por romper algo.

El mantenimiento de todas las piezas en buenas condiciones es uno de los **obstáculos** a los que se tiene que enfrentar el museo. Los huesos se tienen que desempolvar. A las gemas hay que sacarles brillo. Mantener la buena apariencia y el buen estado de 125 millones de tan **vasta** variedad de piezas es un inmenso trabajo. Esa es la tarea de cientos de trabajadores y científicos.

1 Si los objetos se exhiben en vitrinas, nadie
tiene que ＿＿＿＿＿＿ por romper algo.

2 En el museo hay una ＿＿＿＿＿＿
variedad de objetos en exposición.

3 El Diamante de la Esperanza está en
＿＿＿＿＿＿ en la sala de gemas y minerales.

4 ¿A qué <u>obstáculos</u> podrías tener que
enfrentarte en tu camino a la escuela?

＿＿＿＿＿＿＿＿＿＿＿＿＿＿＿＿＿＿＿＿＿＿

＿＿＿＿＿＿＿＿＿＿＿＿＿＿＿＿＿＿＿＿＿＿

＿＿＿＿＿＿＿＿＿＿＿＿＿＿＿＿＿＿＿＿＿＿

5 Describe algún <u>triunfo</u> que haya tenido tu
escuela.

＿＿＿＿＿＿＿＿＿＿＿＿＿＿＿＿＿＿＿＿＿＿

＿＿＿＿＿＿＿＿＿＿＿＿＿＿＿＿＿＿＿＿＿＿

＿＿＿＿＿＿＿＿＿＿＿＿＿＿＿＿＿＿＿＿＿＿

En el museo
por Lynn Frankel

Carlos y Kim están de visita en el museo junto con su maestro, el Sr. Diego. En el museo hay una nueva **exposición** sobre dinosaurios.

Durante su visita, Carlos y Kim van a hablar con la gente que trabaja en el museo. Quieren obtener la mayor cantidad de información sobre la exposición, ya que tienen que presentar un informe sobre ella ante la clase.

Detente   Piensa   Escribe

IDEA PRINCIPAL Y DETALLES

¿Sobre qué tipo de exposición van a aprender Carlos y Kim durante su visita al museo?

_____

_____

_____

Los estudiantes se reúnen con la Sra. Reed, la directora del museo, quien les presenta a su ayudante, el Sr. Fox.

El Sr. Diego hace la primera pregunta.

—¿Por qué decidieron hacer una exposición sobre dinosaurios?

—El tema de los dinosaurios ¡es muy interesante! —contesta la Sra. Reed—. Se extinguieron hace mucho tiempo, pero la gente todavía siente fascinación por ellos.

Detente Piensa Escribe

HECHOS Y OPINIONES

¿Qué opinión ofrece la directora sobre los dinosaurios?

_____

_____

_____

Entonces Carlos lee la primera pregunta anotada en su cuaderno.

—¿Tuvieron que enfrentarse a algún tipo de **obstáculo** durante la preparación de la muestra?

—Nuestro mayor obstáculo fue encontrar todos los objetos que queríamos mostrar.

—¿Y de dónde los obtuvieron? —pregunta Carlos.

—La mayoría, de otros museos —explica el Sr. Fox—. Pasé varios meses escribiendo cartas y correos electrónicos a museos de todo el mundo.

Luego, el Sr. Fox dirige al grupo a la sala principal, donde se encuentran en exposición varios esqueletos de dinosaurios y modelos de dinosaurios a tamaño real.

Detente **Piensa** **Escribe**

CAUSA Y EFECTO

¿Para qué escribió cartas y correos electrónicos a museos de todo el mundo el Sr. Fox?

_____

_____

_____

—Nos tomó mucho tiempo decidir el arreglo de esta exhibición —dice el Sr. Fox—. Al principio solo teníamos los esqueletos y, luego, decidimos que queríamos mostrar más cosas.

—Queríamos mostrar cómo era el mundo cuando vivían los dinosaurios. Así que decidimos ampliar la exposición. Añadimos modelos de otros dinosaurios y de una **vasta** variedad de plantas para mostrar un poco más del hábitat de los dinosaurios —dice la Sra. Reed.

—Se ve fantástico —dice Kim.

Todo el mundo parece pensar que es un **triunfo**.

Detente Piensa Escribe

VOCABULARIO

¿Por qué es importante que un museo tenga una <u>vasta</u> colección de cosas en exposición?

_____

_____

_____

277

La Sra. Reed los dirige al siguiente salón, donde también hay dinosaurios.

—En este salón están dos de nuestros guías —dice la Sra. Reed—. Muestran el museo a la gente y hablan sobre los objetos expuestos. Los dejo aquí a cargo de ellos.

—¿Sabrán tanto como usted y el Sr. Fox? —pregunta Kim.

La Sra. Reed se echa a reír.

—Capacitamos a todos nuestros guías. ¡Lo saben todo sobre los dinosaurios! No se preocupen. Podrán responderles cualquier pregunta.

Detente   Piensa   Escribe

CAUSA Y EFECTO

¿Cómo saben tanto los guías de los museos?

Carlos pregunta sobre la fila de pantallas en el salón.

—Esta parte de la exposición es interactiva —contesta el guía—. Hay juegos que les pueden enseñar mucho sobre los dinosaurios. Todos los que juegan quedan encantados.

—Y este es un dinosaurio capaz de volar —prosigue el guía—. Vamos a mostrar una película sobre él. Pero tienen que **disculparme**. La siguiente película no comienza hasta dentro de dos horas.

—No podemos quedarnos tanto tiempo —dice Kim—. Ojalá pudiéramos.

—No es nada. Volveremos la semana que viene con toda la clase —dice el Sr. Diego.

Detente Piensa Escribe

VOCABULARIO

¿Por qué se disculpa el guía?

_____

_____

_____

El Sr. Diego y sus estudiantes van a despedirse de la Sra. Reed.

—Tenemos que regresar a la escuela —dice el Sr. Diego—. Muchísimas gracias por todo.

—Sí, gracias —añade Carlos—. Tenemos muchísima información para presentarle a la clase.

Kim le estrecha la mano a la Sra. Reed.

—¡Su exposición es fabulosa! ¡Ya estoy ansiosa por volver la semana próxima!

Todos se despiden con la mano. Todos, claro está, excepto los dinosaurios.

Detente Piensa Escribe

ESTRUCTURA DEL CUENTO

¿Qué van a hacer Carlos y Kim cuando regresen a la escuela?

_____

_____

_____

Vuelve a leer y responde

1 ¿Por qué Carlos y Kim quieren obtener mucha información sobre la exposición?

Pista

Busca pistas en la página 274.

_____

_____

_____

2 ¿Por qué querrá visitar la gente la nueva exposición de dinosaurios del museo?

Pista

¡Puedes encontrar pistas en casi todas las páginas!

_____

_____

_____

3 ¿Por qué decidieron ampliar la exposición la Sra. Reed y el Sr. Fox?

Pista

Busca pistas en la página 277.

_____

_____

_____

4 Escribe un hecho y una opinión que aparezcan en el cuento.

Pista

Un hecho se puede probar. Una opinión no se puede probar.

_____

_____

¡Hazte un detective de la lectura!

Vuelve a **Lágrimas** de cocodrilo

"Lágrimas de cocodrilo"
Revista del estudiante,
págs. 34–41

1 ¿Qué hechos apoyan la opinión del autor de que las lágrimas son importantes? Elige todas las respuestas correctas.

☐ Permiten mantener los ojos lubricados.

☐ Protegen al ojo.

☐ Permiten que lloremos.

¡Pruébalo! ¿Qué evidencia de la selección apoya tu respuesta?
Marca las casillas. ☑ Toma notas.

Evidencia	Notas
☐ lo que sucede cuando pelas una cebolla	
☐ lo que sucede cuando te sientes triste	

¡Escríbelo!

HECHO Y OPINIÓN

Responde a la pregunta **1** usando evidencia del texto.

_____

_____

_____

_____

_____

_____

2 **¿Cuál es la idea principal de las lágrimas de cocodrilo en la página 40?**

☐ No se deben a la tristeza.

☐ Las usan los cocodrilos para fingir dolor.

☐ Solo sirven para atraer presas.

¡Pruébalo! ¿Qué evidencia de la selección apoya tu respuesta?
Marca las casillas. ✓ Toma notas.

Evidencia	Notas
☐ detalles sobre las glándulas salivales del cocodrilo	
☐ detalles sobre las glándulas lacrimales del cocodrilo	
☐ detalles de otros animales	

¡Escríbelo!

IDEA PRINCIPAL Y DETALLES

Responde a la pregunta 2 usando evidencia del texto.

_____

_____

_____

_____

_____

_____

brillante
confianza
territorio
ingenioso
satisfecho

En el desierto del Mojave

El clima en los desiertos es extremo. La

1 _____ luz del sol de

verano puede hacer que las temperaturas

alcancen los 130 grados Fahrenheit. Las

temperaturas en invierno pueden descender

por debajo del punto de congelación.

Los excursionistas que van por estos

2 _____ llevan ropa

de manga larga. Tal vez pueda parecer mala

idea, pero no lo es. La tela les protege la

piel y también puede ayudarlos a evitar la

pérdida de demasiada agua del cuerpo.

Los animales del desierto están acostumbrados al calor y al frío. Durante el día, descansan en la sombra y por la noche cazan su alimento. Es posible que la gente no se quede ③ _____ con solo salir de casa por la noche, pero los animales del desierto tienen que hacerlo para sobrevivir.

Los árboles de Josué solamente crecen en el desierto del Mojave de los Estados Unidos. Por tanto, si alguna vez ves alguno, ¡puedes tener la ④ _____ de que te encuentras en el Mojave!

Las viejas minas de plata que había en el Mojave cerraron años atrás y, poco después, la gente abandonó los pueblos de los alrededores. En la actualidad, esos pueblos vacíos tienen el ⑤ _____ nombre de pueblos fantasma.

Una parada en el desierto

por Shirley Granahan

—Ahora estamos en el desierto del Mojave —dijo Papá—. ¡Ten preparada la cámara para hacer buenas fotos, Jodi!

Íbamos de camino a visitar a mis primos de California. Papá había tomado esta ruta deliberadamente para pasar por el desierto.

Había visto fotos de este territorio anteriormente. Pero ahora, ¡podía tomarlas yo misma! Hice unas cuantas de cactus y de flores silvestres por la ventana del carro.

—Este sitio es precioso —dije.

—Sabíamos que te gustaría —dijo Mamá—. Por eso decidimos tomar este camino.

Detente Piensa Escribe

ESTRUCTURA DEL CUENTO

¿Por qué está viajando la familia por el desierto?

284

De repente, el auto hizo un ruido muy raro, y al poco se detuvo por completo.

—¡Oh, no! —dijo Papá—. Pero no se preocupen. Voy a comprobar qué pasa.

Levantó lentamente el capó del auto y, de inmediato, ¡salió una nube de vapor!

—Vayan a tomar fotos mientras tanto —dijo—. En nada lo tendré listo y podremos marcharnos.

Así que me puse a tomar fotos de un cactus. El **brillante** sol del desierto caía sobre mí con fuerza.

—¡Hace mucho calor, Mamá! —dije—. ¿Cómo sobreviven estas plantas?

Detente Piensa Escribe

VOCABULARIO

Escribe un sinónimo de <u>brillante</u>.

_____

—Se adaptan —dijo Mamá—. En el desierto no llueve mucho, por lo que los cactus absorben y se empapan de agua cuando llueve. El grueso exterior ceroso del cactus retiene el agua en su interior, y de esa forma puede usarla más tarde cuando le haga falta.

—Espero que Papá sepa tanto sobre autos como tú sobre plantas —dije riendo.

—Vayamos a ver cómo le va —dijo Mamá.

Volvimos al auto. Papá parecía haber perdido la **confianza**.

—No puedo arrancar el auto —dijo—. Lo mejor que podemos hacer es llamar y pedir ayuda.

Detente   Piensa   Escribe

IDEA PRINCIPAL Y DETALLES

¿Cómo ayuda la parte cerosa exterior del cactus a la planta?

_____

_____

_____

Mamá trató de usar su celular pero no había cobertura.

—¿Qué hacemos ahora? —pregunté.

—Pues tendremos que esperar a que pase alguien —contestó Mamá.

—¿Y si no pasa nadie? —pregunté de nuevo—. Estamos bastante lejos de la carretera principal.

—No te preocupes, Jodi —dijo Papá sonriendo—. No va a pasarnos nada.

—Tengo mucha sed —dije.

Mamá sacó una botella de agua y todos echamos un trago. Mientras tanto, el sol continuaba allí, golpeándonos con sus rayos cada vez más calientes.

—Tengo una idea —dijo Papá de repente.

Detente Piensa Escribe

SECUENCIA DE SUCESOS

¿Qué es lo primero que hace la mamá de Jodi cuando el auto no arranca?

Papá sacó unas sábanas del maletero y colgó una entre dos plantas de cactus.

—Con esto tendremos un poco de sombra —dijo, sintiéndose **satisfecho** con su trabajo. Luego, puso la otra sábana en el suelo y nos sentamos.

Pasaron varias horas y no apareció ningún auto.

—¿Podemos comer los sándwiches ahora? —pregunté.

—Si comes te entrará más sed —dijo Mamá—. Lo mejor es estar sentado en la sombra y quedarse quieto.

Detente   Piensa   Escribe

¿Por qué está Papá <u>satisfecho</u> con su trabajo?

_____

_____

_____

Poco después, el sol había desaparecido detrás de una colina. El aire de la noche era más frío.

—¡Antes tenía calor y ahora tengo frío! —protesté—. ¿Siempre es así aquí?

—Sí —dijo Papá—. En los desiertos hace calor de día y frío de noche. Deberíamos volver al auto.

Papá agarró las sábanas y entramos en el auto. Yo me acurruqué en el asiento trasero y, en ese mismo instante, oí un aullido.

—¿Qué es eso? —pregunté.

—Es solo un coyote —dijo Papá—. La mayoría de los animales del desierto sale por la noche, cuando hace más fresco.

Detente **Piensa** **Escribe** CONCLUSIONES Y GENERALIZACIONES

¿Por qué la mayoría de los animales del desierto sale por la noche?

_____

_____

_____

Supongo que me quedé dormida. Lo siguiente que recuerdo es un agente de policía tocando en la ventana del carro.

—¿Se encuentran bien? —preguntó.

Papá explicó lo que había pasado y el policía llamó para pedir ayuda. Mientras esperábamos, tomé fotos **ingeniosas** de liebres, lagartijas y ratas canguro con las primeras luces de la mañana. Sabía que iban a desaparecer bajo las sombras tan pronto el sol se volviera demasiado cálido.

Incluso me sentí un poco triste al pensar que pronto nos iríamos del desierto. Había aprendido a adaptarme a la vida en el desierto, ¡al igual que los animales y las plantas que viven allí!

Detente   Piensa   Escribe

¿Cuándo tomó las fotos Jodi?

_____

_____

_____

Vuelve a leer y responde

1 ¿Qué piensa Jodi al ver el Desierto del Mojave?

_____

_____

_____

Pista

Busca pistas en la página 284.

2 ¿Cómo se han adaptado los cactus para sobrevivir con muy poca lluvia?

_____

_____

_____

Pista

Busca pistas en las páginas 285 y 286.

3 ¿Qué hace primero el papá de Jodi para que la familia esté más cómoda?

_____

_____

_____

Pista

Busca pistas en la página 288.

4 ¿Qué hacía Jodi cuando llegó el policía?

_____

_____

_____

Pista

Busca pistas en la página 290.

¡Hazte un detective de la lectura!

Vuelve a

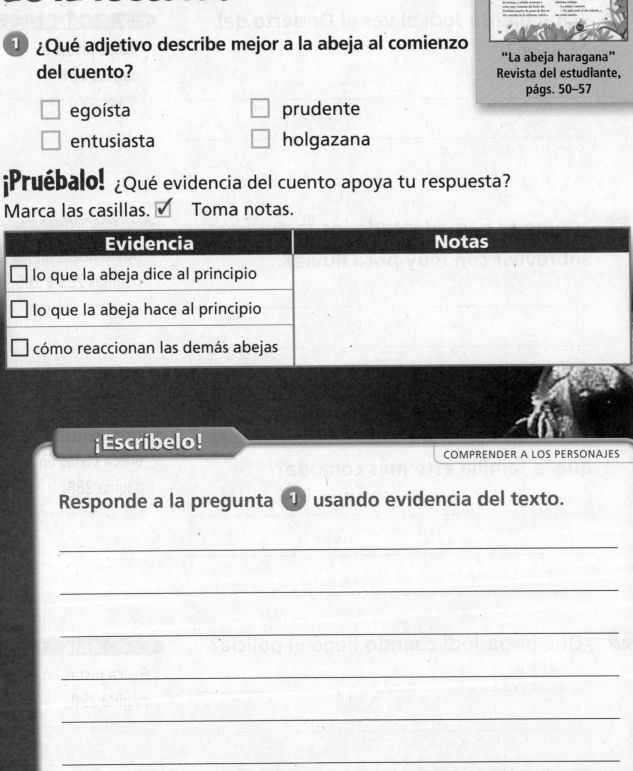

"La abeja haragana"
Revista del estudiante,
págs. 50–57

1 ¿Qué adjetivo describe mejor a la abeja al comienzo del cuento?

☐ egoísta   ☐ prudente

☐ entusiasta   ☐ holgazana

¡Pruébalo! ¿Qué evidencia del cuento apoya tu respuesta?
Marca las casillas. ☑   Toma notas.

Evidencia	Notas
☐ lo que la abeja dice al principio	
☐ lo que la abeja hace al principio	
☐ cómo reaccionan las demás abejas	

¡Escríbelo!

COMPRENDER A LOS PERSONAJES

Responde a la pregunta **1** usando evidencia del texto.

_____

_____

_____

_____

_____

_____

2 **¿Qué dos efectos tuvo en la abejita la noche que pasó en la cueva?**

☐ La abejita lloró, tembló y se arrastró.

☐ La abejita empezó a trabajar como nunca antes.

☐ La abejita aprendió a valorar el trabajo y la inteligencia.

¡Pruébalo! ¿Qué evidencia del cuento apoya tu respuesta? Marca las casillas. ☑ Toma notas.

Evidencia	Notas
☐ lo que la abejita hace al final	
☐ lo que la abejita dice al final	

¡Escríbelo!

CAUSA Y EFECTO

Responde a la pregunta **2** **usando evidencia del texto.**

_____

_____

_____

_____

_____

_____

Lección

30

✓ **VOCABULARIO CLAVE**

esfuerzo
informado
progreso
recurso
superficial

Caminata en zona virgen

Ir de caminata por una zona virgen bien vale el **①** _____ . El duro trabajo te será recompensado. Asegúrate de llevar provisiones y mapas. Lo mejor es estar **②** _____ sobre el tipo de terreno por el que vas a pasar.

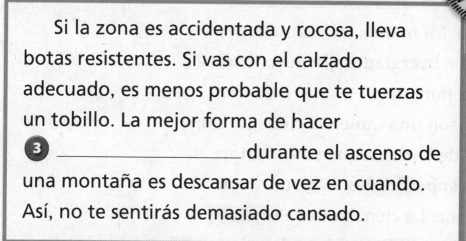

Si la zona es accidentada y rocosa, lleva botas resistentes. Si vas con el calzado adecuado, es menos probable que te tuerzas un tobillo. La mejor forma de hacer **3** _____ durante el ascenso de una montaña es descansar de vez en cuando. Así, no te sentirás demasiado cansado.

Es posible que te encuentres con algún arroyo al ir de caminata. Si las aguas son **4** _____, entonces es seguro cruzar por ellas. De lo contrario, tendrás que buscar un puente para llegar a la otra orilla.

Asegúrate de llevar suficiente agua a cualquier lado que vayas. En algunos lugares, entre los **5** _____ naturales disponibles no se encuentra el agua. Las personas que vayan de caminata deben beber líquidos en abundancia.

Un bote en el parque natural

por K. T. Archer

Estaba contento. Mi mamá, mi hermano y yo
íbamos de viaje a los Everglades. ¡Incluso íbamos a
dormir en una casa flotante!

Los Everglades son una inmensa ciénaga. Una
ciénaga es un área de la tierra que está siempre
cubierta por aguas **superficiales**. Eché un vistazo a
un libro sobre la zona. La ciénaga tiene **recursos**
naturales como combustibles y minerales.

—La mejor forma de explorar una ciénaga es
sobre una casa flotante —nos dijo Mamá—. Les
va a encantar.

Pero Pedro estaba preocupado.

—Yo me mareo —dijo.

—En las ciénagas las aguas no son bravas
—aseguró Mamá.

Detente **Piensa** **Escribe**

VOCABULARIO

¿Qué palabra significa lo opuesto de <u>superficial</u>?

_____

_____

_____

Cuando llegamos a los Everglades, el dueño de la casa flotante estaba esperándonos. Se llamaba Joe.

—¡Bienvenida, familia Gómez! —nos dijo—. Esta va a ser su casa durante cuatro días.

Yo me quedé mirando el agua fijamente. Parecía un vidrio azul.

—¡Suban a bordo! —dijo Joe—. Les voy a enseñar la casa. Esta es la popa, la parte trasera del bote. Y esta es la proa, la parte delantera.

—¿Dónde están las velas? —pregunté yo.

—Este bote no tiene velas —contestó Joe riendo—. Tiene un motor de gasolina. Aun así, operar el bote requiere bastante **esfuerzo**.

Detente Piensa Escribe

INFERIR Y PREDECIR

¿Qué tipo de tareas tendrías que hacer en un bote como el de Joe?

_____

_____

_____

295

Entonces me puse a mirar por los camarotes. Era como una pequeña casa encima de un bote. Había sillas, una mesa y camas especiales llamadas "camastros". La cubierta inferior estaba afuera e iba alrededor del barco. La cubierta superior estaba sobre el techo de los camarotes. Desde allí se podía ver a varias millas de distancia.

Joe explicó cómo funcionaba todo. Nos enseñó a gobernar el bote. También nos enseñó cómo evitar que el barco se desplazase solo. Para eso había que echar el ancla.

Detente **Piensa** **Escribe** CONCLUSIONES Y GENERALIZACIONES

¿Qué crees que sucede cuando se lanza el ancla al agua?

_____

_____

_____

—¿Hay animales en la ciénaga? —pregunté yo.

—Por supuesto que sí —dijo Joe.

—¿Y hay caimanes? —pregunté de nuevo.

—¡Montones de ellos! —contestó Joe riendo.

Pedro parecía horrorizado.

—Ah, se me olvidaba que tú no sabes mucho sobre ciénagas —continuó Joe—. Pero no te preocupes. Cualquiera que esté **informado** sabe que los caimanes no pueden subir a un bote como este.

Poco después, estábamos listos para partir. Joe saltó del bote a tierra y nos quedamos solos. Mamá era el capitán y, con mucha destreza, alejó el bote del muelle.

Detente   Piensa   Escribe

HECHO Y OPINIÓN

Joe dice que los caimanes no pueden subir al bote. ¿Esto es un hecho o una opinión?

_____

_____

_____

Pasamos por aguas abiertas y entre angostas franjas de tierra. Por todas partes estábamos rodeados de terreno cubierto de hierba. Había infinidad de aves que se zambullían en el agua en busca de peces. Y, claro está, ¡también había caimanes! No nos molestaron en absoluto, pero sus largos colmillos daban verdadero miedo.

Todos nos turnamos para cocinar. Preparábamos comidas sencillas, como sopa y queso a la plancha. Mamá incluso me dijo que había **progresado** en la cocina.

Detente Piensa Escribe

VOCABULARIO

¿Qué significa <u>progresar</u>?

_____

_____

_____

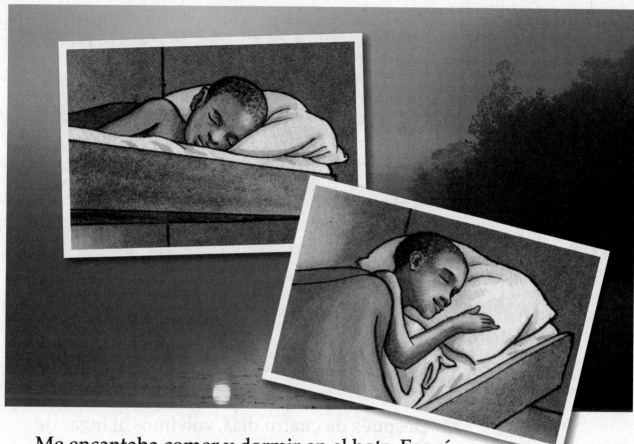

Me encantaba comer y dormir en el bote. Eso sí, ¡los mosquitos no me gustaban para nada! Durante las primeras horas de la mañana y de la tarde permanecíamos adentro. A esas horas es cuando salían los insectos y formaban densas nubes de individuos dispuestos a picar. Fue la única parte del viaje que no nos gustó. Aunque, en verdad, era un pequeño precio que pagar por tanta diversión.

Detente   Piensa   Escribe

HECHO Y OPINIÓN

¿Cuál es la opinión del narrador sobre el bote?

_____

_____

_____

Después de cuatro días, volvimos al lugar de partida. Joe vino a recibirnos al muelle.

—¿Cómo fue? —nos preguntó.

—Los Everglades son maravillosos —contesté.

—¡Me encantan los botes! —dijo Pedro—. ¿Podemos volver el año que viene, Mamá?

—Ya veremos —contestó Mamá—. Gracias, Joe. Todos lo pasamos muy bien.

Detente   Piensa   Escribe   INFERIR Y PREDECIR

¿Por qué crees que Pedro quiere volver a los Everglades el próximo verano?

_____

_____

_____

Vuelve a leer y responde

1 ¿Cómo describirías al narrador?

_____

_____

_____

Pista

Encontrarás pistas en casi todas las páginas.

2 Menciona dos hechos sobre los caimanes.

_____

_____

_____

Pista

Busca pistas en las páginas 297 y 298.

3 ¿Por qué permanece la familia dentro del bote por la mañana y por la tarde?

_____

_____

_____

Pista

Busca pistas en la página 299.

4 ¿Qué opinan los niños de los Everglades? ¿Cómo lo sabes?

_____

_____

_____

Pista

Busca pistas en las páginas 299 y 300.

¡Hazte un detective de la lectura!

"S.O.S. Animales en peligro"
Revista del estudiante,
págs. 66–71

1 **¿Cuál es la causa de la extinción de las especies?**

☐ la acción del hombre ☐ ambas cosas

☐ fenómenos naturales ☐ no hay forma de saberlo

¡Pruébalo! ¿Qué evidencia de la selección apoya tu respuesta?

Marca las casillas. ☑ Toma notas.

Evidencia	Notas
☐ lo que sucedió con los dinosaurios	
☐ lo que sucedió con el pájaro dodo y otros animales	
☐ lo que sucede al alterar un hábitat	

¡Escríbelo!

CONCLUSIONES Y GENERALIZACIONES

Responde a la pregunta **1** usando evidencia del texto.

_____

_____

_____

_____

_____

_____

2 **¿Qué quiere el autor que entiendan los lectores?**

☐ Las especies extinguidas pueden volver a surgir.

☐ La extinción de una especie es un daño irreversible que se puede evitar.

☐ La extinción de una especie es un proceso natural.

¡Pruébalo! ¿Qué evidencia de la selección apoya tu respuesta?
Marca las casillas. ☑ Toma notas.

Evidencia	Notas
☐ información sobre las especies extinguidas	
☐ información sobre la extinción causada por las personas	
☐ información sobre la extinción evitada por las personas	

¡Escríbelo!

PROPÓSITO DEL AUTOR

Responde a la pregunta 2 usando evidencia del texto.

_____

_____

_____

_____

_____

_____

_____

Estrategia de resumir

Cuando **resumes**, vuelves a contar brevemente las ideas importantes de un texto.

- Usa tus propias palabras.

- Organiza las ideas en un orden que tenga sentido.

- No cambies el significado del texto.

- Haz tu resumen corto. Usa solo unas cuantas oraciones.

Estrategia de analizar/evaluar

Puedes **analizar y evaluar** un texto. Estudia el texto cuidadosamente. Luego, opina sobre él.

1. Analiza el texto. Mira las ideas. Piensa en lo que te dice el autor.

    - ¿Qué hechos y detalles son importantes?

    - ¿Cómo están organizadas las ideas?

    - ¿Qué quiere el autor que tú sepas?

2. Evalúa el texto. Decide lo que es importante. Luego da tu opinión.

    - ¿Qué piensas sobre lo que has leído?

    - ¿Estás de acuerdo con las ideas del autor?

    - ¿Consiguió el autor alcanzar sus objetivos?

Estrategia de inferir/ predecir

Puedes hacer una **inferencia**. Averigua lo que el autor no te dice en el texto.

• Piensa en las pistas del texto.

• Piensa en lo que ya sabes.

Puedes hacer una **predicción**. Usa pistas del texto para averiguar lo que pasará después.

Estrategia de verificar/ aclarar

Puedes **verificar** lo que lees. Presta atención a cuánto entiendes del texto.

Si has leído una parte que no tiene sentido, busca una manera de **aclararla**. Aclara lo que no entiendes.

• Usa lo que ya sabes.

• Vuelve a leer o sigue leyendo. Busca pistas en el texto.

• Lee más despacio.

• Haz preguntas sobre el texto.

Estrategia de hacer preguntas

Hazte **preguntas** antes, durante y después de tu lectura. Busca las respuestas.

Algunas preguntas que te puedes hacer:

- ¿Qué quiere decir el autor aquí?

- ¿Sobre qué o quién es este texto?

- ¿Por qué sucedió esto?

- ¿Cuál es la idea principal?

- ¿Cómo funciona esto?

Estrategia de visualizar

Puedes **visualizar** mientras lees. Usa los detalles del texto para crear imágenes mentales.

- Usa las palabras del autor y tu propio conocimiento como ayuda.

- Crea imágenes mentales de gente, lugares, cosas, acciones e ideas.

PHOTO CREDITS